PRATIQUE DU DROIT INTERNATIONAL PUBLIC AU SÉNÉGAL

Dr Kémoko DIAKITÉ

PRATIQUE DU DROIT INTERNATIONAL PUBLIC AU SÉNÉGAL

Préfacé du Pr Babacar GUEYE

L'Harmattan Sénégal

Ce livre a été édité grâce au Fonds d'aide à l'édition du ministère de la Jeunesse, des Sports et de la Culture du Sénégal / Direction du Livre et de la Lecture.

L'Harmattan-Sénégal, 2024
10 VDN, Sicap Amitié 3, Lotissement Cité Police, DAKAR
senharmattan@gmail.com / senlibrairie@gmail.com
ISBN : 978-2-336-48487-7
EAN : 9782336484877

Sommaire

Dédicace

Après avoir rendu Grâces à Allah à qui appartiennent toutes les formes de gratitude et pour Ses immenses bienfaits, je dédie ce modeste travail à :

À ma mère et pensées pieuses à feu mes pères Kelefa et Moussa

À mon épouse Khadi et aux enfants Nanténin Hawa, Mohamed Kéléfa et Ismail

À toute la famille Diakité - Kaba ainsi qu'aux oncles et tantes

À mes collègues et amis

À tous mes collaborateurs aux différentes stations diplomatiques pour leur soutien précieux, loyal et efficace

À tous mes étudiants de l'UCAD et de l'UGB.

Remerciements

Je remercie :

- l'État du Sénégal car ayant fait l'essentiel de mon cursus scolaire dans le public ;

- le Pr Babacar Gueye, Agrégé en droit et science politique qui a été mon Directeur de thèse lors de la soutenance de thèse de doctorat en droit , pour avoir bien voulu faire la préface de cet ouvrage ;

- la Direction du Livre et de la Lecture (DLL) ;

- le Dr Abdoulaye Diallo, Directeur Général de L'Harmattan-Sénégal et son équipe.

Abréviations

Al.	:	Alinéa
ANAM	:	Agence Nationale des Affaires Maritimes
BM	:	Banque Mondiale
CAI	:	Conventions et Accords internationaux
CDH	:	Conseil des Droits de l'Homme
CIJ	:	Cour Internationale de Justice
CNGF	:	Commission nationale de Gestion des Frontières
CVRC	:	Convention de Vienne sur les Relations Consulaires
CVRD	:	Convention de Vienne sur les Relations diplomatiques
DAJC	:	Direction des Affaires juridiques et consulaires
DIP	:	Droit international public
EPU	:	Examen Périodique Universel

HASSMAR	:	Haute Autorité chargée de la coordination de la Sécurité maritime et de la protection de l'Environnement marin
MAESE	:	Ministère des Affaires étrangères et des Sénégalais de l'Extérieur
NAM	:	Mouvement des Non Alignés
OCI	:	Organisation de la Coopération Islamique
ODF	:	Organisation de Développement de la Femme
OMC	:	Organisation Mondiale du Commerce
ONG	:	Organisation non Gouvernementale
ONU	:	Organisation des Nations Unies
PM	:	Premier Ministre
PNUD	:	Programme des Nations Unies pour le Développement
PP	:	Pleins Pouvoirs
SGA	:	Secrétariat Général Adjoint
SGG	:	Secrétariat Général du Gouvernement
TO	:	Télégramme Officiel
UA	:	Union Africaine

Préface

Cet ouvrage intitulé ***Pratique du Droit international public au Sénégal****, est une importante contribution à la compréhension et à l'analyse des mécanismes juridiques et diplomatiques dans le contexte sénégalais et au-delà. L'auteur, le Dr Kémoko DIAKITÉ, diplomate chevronné, nous offre une synthèse rigoureuse, un tableau véritablement représentatif des pratiques du Sénégal en matière de droit international public, avec une approche à la fois théorique et pratique qui rend ce travail particulièrement pertinent pour les juristes, les diplomates, les journalistes, les étudiants en droit international, entre autres.*

Le droit international public, souvent perçu comme une discipline d'experts, prend dans cet ouvrage une dimension accessible et éclairante, mettant en exergue non seulement les normes et principes qui gouvernent les relations entre États, mais aussi les réalités et défis spécifiques rencontrés par le Sénégal dans sa pratique quotidienne des conventions et accords internationaux. L'ouvrage traite de sujets aussi divers que la négociation, la ratification, la signature des traités, les réserves, les amendements, et les dénonciations, tout en détaillant les procédures et les fondements juridiques qui sous-tendent ces processus.

Ce livre se distingue par son exhaustivité et sa précision. Il aborde des thématiques essentielles telles que la numérisation des accords, les droits de l'homme, et la procédure de conclusion des accords de siège. Ces aspects sont d'une grande importance dans un monde où les pratiques diplomatiques évoluent rapidement, et où la gestion des engagements internationaux doit s'adapter à des contextes juridiques de plus en plus complexes.

L'approche pragmatique de l'auteur, qui s'appuie sur des exemples concrets de la pratique sénégalaise, rend ce livre d'autant plus précieux. La division des Conventions et Accords internationaux (CAI) ainsi que la Direction des Affaires juridiques et consulaires (DAJC) sont notamment mises en lumière, permettant de comprendre comment ces institutions jouent un rôle crucial dans la mise en œuvre du droit international public au Sénégal.

Cet ouvrage arrive à un moment où le droit international est plus que jamais au cœur des enjeux mondiaux, et le Sénégal, par sa participation active aux forums internationaux et ses engagements diplomatiques, se positionne comme un acteur de premier plan. Cette œuvre est au fond une remarquable contribution à la documentation des pratiques sénégalaises, mais aussi à l'enrichissement la doctrine du droit international public.

Je suis convaincu que cet ouvrage deviendra rapidement une référence incontournable pour ceux qui s'intéressent à la pratique du droit international au Sénégal et dans d'autres espaces francophones. Il est aussi une invitation à réfléchir sur les défis actuels et futurs que le Sénégal et d'autres États notamment d'Afrique doivent relever pour s'assurer que leurs engagements internationaux soient en adéquation avec les attentes croissantes de la communauté internationale en matière de transparence, d'efficacité et de respect des droits humains.

Pour avoir enseigné le droit international public pendant plus de deux décennies, je salue la profondeur de la réflexion et la clarté de la rédaction de cet ouvrage, qui allie rigueur académique et utilité pratique. Il sera d'un grand apport pour ceux qui souhaitent approfondir leurs connaissances en droit international public et les professionnels de la diplomatie

Pr Babacar GUEYE,

Professeur,
Agrégé des facultés de droit,
Université Cheikh Anta Diop de Dakar.

Introduction

Ce présent ouvrage est établi en vue de donner un aperçu sur la pratique du Sénégal en matière de Droit international public, notamment la négociation, la conclusion, la ratification et l'entrée en vigueur, les réserves, les dénonciations et amendements etc... des Conventions et Accords internationaux ainsi que la signature des Accords de siège. À cet effet, les fondements juridiques et les procédures sont précisés.

Dans le même sillage, les règles de présentation et de rédaction des textes législatifs, règlementaires et des Traités ainsi que les enjeux de la numérisation des Accords et Conventions sont abordés.

Sur le plan institutionnel, le Ministère des Affaires étrangères et des Sénégalais de l'Extérieur est, à travers la Direction des Affaires juridiques et consulaires (DAJC) qui abrite la Division des Conventions et

Accords internationaux, le principal département responsable de la pratique du Droit international public au Sénégal.

Par ailleurs, il est à noter que dans le cadre de la mise en œuvre de ce Droit par le Ministère des Affaires étrangères et des Sénégalais de l'extérieur, les Droits de l'Homme constituent un aspect important des relations extérieures. Les Droits de l'Homme, également appelés Droits humains ou Droits de la personne, sont un concept à la fois philosophique, juridique et politique. Il s'agit de normes à caractère indivisible, indissociable, interdépendant et universel qui reconnaissent et protègent la dignité de tous les êtres humains. Ils sont classés en droits civils et politiques, en droits économiques, sociaux et culturels, et en droits collectifs.

En vue de permettre à tout être humain de s'en prévaloir pleinement, deux types de mécanismes de suivi des Droits de l'Homme ont été principalement consacrés par l'Organisation des Nations Unies : les organes créés en vertu d'instruments internationaux relatifs aux Droits de l'Homme appelés organes conventionnels, et les organes mis en place en vertu de la Charte des Nations Unies, dont le Conseil des Droits de l'Homme (CDH). Le CDH est le principal forum intergouvernemental des Nations Unies sur les questions relatives aux Droits de l'Homme.

L'ouvrage abordera également le fonctionnement du CDH, notamment le mandat du Conseil, la composition, les sessions, les mécanismes et procédures, les résolutions ainsi que les groupes régionaux, politiques et informels qui le composent.

Chapitre I

Généralités sur les Accords et Conventions internationaux

I. Définition d'un Accord international

Aux termes de **l'article 2** de la Convention de Vienne du 23 mai 1969 sur le droit des traités, « l'expression Traité" s'entend d'un Accord international conclu par écrit entre États et régi par le droit international, qu'il soit consigné dans un instrument unique ou dans deux ou plusieurs instruments connexes, et quelle que soit sa dénomination particulière ».

Il ressort de cette définition les éléments suivants :

D'abord, un Traité international est un acte écrit et régi par le Droit international.

Ensuite, un Traité peut être consigné dans un seul document ou plusieurs.

Enfin, un Traité peut avoir plusieurs dénominations. En effet, le droit international admet une indifférence de la dénomination particulière de l'instrument juridique international. Un Accord international peut prendre des formes variées et se présenter sous des dénominations diverses.[1] Le droit international est peu formaliste sur ce point. En effet, les États sont libres de donner la dénomination qu'ils choisissent à leur Accord. Les expressions « Traité », « Convention », « Accord » sont les plus utilisées.

Aussi, les termes « Pacte », « Charte », « Acte », « Protocole », « Mémorandum d'Entente », « Concordat » sont également utilisés pour désigner un Accord international.

II. Différents types d'Accord

La pratique conventionnelle des États révèle deux catégories d'Accord selon le nombre d'États-parties : les Accords bilatéraux et les Accords multilatéraux.

---

[1] Voir Arrêt CIJ, 1er juillet 1994, arrêt, Délimitation maritime et questions territoriales Qatar/Bahreïn, Rec. 1994, 120

Les Accords bilatéraux sont ceux conclus entre deux Parties. Ils ont pour objet de définir des règles communes applicables à celles-ci dans un domaine de coopération bien déterminé (par exemple, un Accord dans le domaine de la santé entre le Sénégal et la France). Correspondant à la forme la plus ancienne des Traités, ils restent très nombreux aujourd'hui.

Quant aux Accords multilatéraux, ils sont conclus entre plusieurs États. Ils ont pour objet d'établir une règle uniforme pour un nombre plus ou moins considérable d'États.

Dans ce type d'Accord, toutes les Parties ont une volonté identique qui est l'établissement d'une règle correspondant à des besoins communs.

III. Contexture d'un Accord

Qu'il soit conclu entre deux États ou plusieurs et quelle qu'en soit la dénomination, un Accord international comprend un intitulé, un préambule, un dispositif, des clauses finales et une formule conclusive.

- **L'intitulé** de l'Accord doit préciser clairement l'objet du texte sous une forme aussi concise que possible ainsi que les Parties à la convention. Exemple : Accord entre la République du Sénégal et la République islamique de Mauritanie dans le domaine de la Pêche et de l'Économie maritime.

- **Le Préambule** énonce les Parties : par exemple, « La République du Sénégal et la République de… » ; Ou bien, « Le Gouvernement de la République du Sénégal et le Gouvernement de… ».

Le Préambule rappelle en tant que de besoin les Accords antérieurs dans le cadre desquels est conclu l'Accord en cause. Il peut également fixer le principe de l'engagement et les intentions politiques auxquels répond la conclusion de cet Accord. L'ensemble se conclut par la formule suivante : « Sont convenu(e)s des dispositions suivantes (ou de ce qui suit) ». Le Préambule permet d'exprimer clairement les intentions des Parties. Il peut jouer un rôle d'éclaireur en cas de difficulté d'interprétation.

- **Le corpus ou dispositif** : les articles sont rédigés au présent de l'indicatif pour marquer leur permanence comme cela se fait dans les textes de droit interne, selon les principes de la légistique au Sénégal. Ils doivent exprimer clairement les engagements des Parties.

Si l'Accord porte sur une question technique, il est prudent de procéder aux définitions des termes dès l'article premier. Cela permet aux délégations de se mettre d'accord sur le sens accordé à telle ou telle expression employée dans le corps de l'Accord.

Un Accord n'a pas, en principe, à mentionner les services traitants chargés de le mettre en œuvre. Cette mention lie inutilement alors que l'évolution des compétences et les circonstances commandent des adaptations fréquentes de l'organisation administrative.

La mention des mécanismes de règlement des différends sur l'interprétation des instruments est une faculté. Si de tels mécanismes ne sont pas mentionnés dans un Accord, les différends sur son interprétation se régleront par la voie diplomatique.

Toute mention relative au règlement des différends doit faire l'objet d'une consultation de la Direction des Affaires juridiques et consulaires du Ministère des Affaires étrangères et des Sénégalais de l'Extérieur.

- **Les clauses finales** mentionnent les conditions nécessaires à l'entrée en vigueur de l'Accord. Elles doivent aussi contenir les conditions de validité de l'Accord : durée, clause de dénonciation, prolongement éventuel des opérations en cours au titre de l'instrument en cas de dénonciation, etc.

La formule conclusive mentionne la date et le lieu de signature, le nombre d'exemplaires originaux et les versions linguistiques. Elle se présente ainsi : « Fait à (lieu de signature), le (date de signature), en deux exemplaires originaux en langue française (et autre langue de signature du texte), chacun des textes faisant foi ».

Chaque Partie conserve un exemplaire original contenant les différentes versions linguistiques et dans lequel les textes la mentionnent elle-même (la Partie) en première place, aussi bien dans le titre, le Préambule et les signatures que dans les dispositions où les deux Parties sont citées (principe de l'alternat). Pour un

Accord en deux versions linguistiques par exemple, ce sont donc quatre textes différents qui auront été rédigés.

Chapitre II

Attributions de la Division des Conventions et Accords internationaux (CAI) de la Direction des Affaires juridiques et consulaires (DAJC) dans la mise en œuvre du Droit international public

Au sein de la Direction des Affaires juridiques et consulaires du Ministère des Affaires étrangères, la CAI est la division qui s'occupe des questions afférentes au Droit international public d'une manière générale. Concrètement, elle intervient, en collaboration avec les autres Ministères, dans tout le processus de conclusion des Accords de la négociation à l'entrée en vigueur.

La CAI s'intéresse également aux questions relatives au Droit de la mer avec le concours des structures étatiques compétentes en la matière : Ministère de la Pêche, Ministère de l'Environnement, ANAM, HASSMAR (etc.). La CAI traite aussi des questions relatives à la gestion des Frontières et elle représente le Département au sein de la Commission nationale de Gestion des Frontières (CNGF).

I. Le processus d'élaboration et de conclusion des Conventions et Accords internationaux

Aux termes des dispositions du décret 2014-336 du 25 mars 2014 portant organisation et fonctionnement du Ministère des Affaires étrangères[2], la DAJC, à travers la CAI, est chargée de la préparation des engagements internationaux, de même que l'accomplissement de toutes les formalités afférentes à la signature, à l'approbation et à la certification de ceux-ci.

Ainsi, la CAI intervient dans tout le processus d'élaboration des Accords et Conventions internationaux.

Le processus de conclusion des traités internationaux varie selon qu'il s'agisse d'un Accord en forme

[2] Voir décret 2004-336 du 25 mars 2016 portant organisation du Ministère des Affaires étrangères et des Sénégalais de l'extérieur.

solennelle ou d'un Accord en forme simplifiée. Ainsi, il existe une procédure simplifiée et une procédure solennelle de conclusion des Accords.

1. La procédure simplifiée de conclusion des Accords

La procédure simplifiée de conclusion des Accords comprend deux étapes : la négociation et la signature. La particularité de cette procédure est l'entrée en vigueur accélérée de l'Accord. En effet, l'Accord entre immédiatement en vigueur, dès sa signature.

La négociation est la première étape de conclusion des traités internationaux. Elle se fait le plus souvent par la voie diplomatique (pour les Accords bilatéraux) ou à l'occasion d'une conférence (pour les Accords multilatéraux).

Lorsque la négociation est faite par la voie diplomatique, le Département des Affaires étrangères est l'interface entre les Ministères et les missions diplomatiques accréditées au Sénégal. À ce titre, elle reçoit et examine les projets d'Accords proposés au Sénégal. De la même manière, elle examine aussi les textes que notre pays propose aux États.

Toutefois, si l'Accord porte sur un domaine relevant de la compétence d'un Ministère quelconque, l'examen du texte s'opère en parfaite collaboration avec le Ministère concerné. C'est pourquoi un volume important de courrier de transmission d'Accords portant sur plusieurs domaines est noté au sein de la Division.

Par ailleurs, il est important de préciser que les Ministères qui sont saisis au sujet d'un Accord, pour avis et observations, n'émettent qu'un avis technique sur le contenu du texte. Il appartient à la CAI d'examiner les questions liées notamment à la forme et à la légistique, au préambule ainsi qu'aux modalités d'entrée en vigueur.

Une fois le projet d'Accord finalisé, il est transmis par note verbale et par télégramme (TO) respectivement à l'Ambassade du « pays négociateur » et à notre représentation diplomatique accréditée dans le « pays négociateur ». Cette pratique offre l'avantage de permettre à nos missions diplomatiques et consulaires de suivre l'évolution des négociations avec l'État accréditant.

Les négociations peuvent également se tenir à l'occasion d'une conférence internationale réunissant les États souhaitant être Partie à un Traité. Là également, la CAI doit faire partie intégrante de la délégation sénégalaise devant prendre part aux négociations. Le plus souvent, les États recourent à une conférence diplomatique pour négocier des Accords multilatéraux.

Quant aux Accords bilatéraux, ils peuvent faire l'objet de discussions à l'occasion des Commissions mixtes instituées entre deux États. Une commission mixte est une réunion d'experts de deux États pour faire le point sur l'état de leur coopération, ouvrir des perspectives et éventuellement signer des Accords. Elle est instituée par un Accord portant création d'une Commission mixte.

La CAI intervient dans les Commissions mixtes en participant aux réunions préparatoires lors desquelles elle fait le point sur les Accords en cours de négociation entre les deux pays et finalise les textes à signer en collaboration avec les experts juristes de l'autre Partie.

Concernant la signature du texte, elle intervient à la fin des négociations, lorsque les Parties ont marqué leur accord sur toutes les dispositions du texte. Les modalités de signature des Accords sont déterminées d'un commun accord par les Parties. Généralement, la signature intervient à la fin d'une session de commission mixte ou lors d'une visite.

Elle peut également s'opérer de façon alternée lorsque les Parties le souhaitent. Une signature est dite alternée lorsque l'une des Parties signe l'Accord et le transmet à l'autre Partie pour l'accomplissement de la même formalité. Cette technique a été beaucoup utilisée pendant la pandémie de Covid-19.

À l'exception du Président de la République, du Premier Ministre, du Ministre des Affaires étrangères, toute autre Autorité devant signer un Accord de l'État doit impérativement disposer de « **pleins pouvoirs** ». (Voir modèle de pleins pouvoirs en annexe 4). Le Ministre de l'Économie ou des Finances est habilité à conclure des textes financiers et économiques.

La signature de l'Accord déclenche ainsi son entrée en vigueur immédiate.

En résumé, il faut retenir que la procédure simplifiée de conclusion des Accords est de plus en plus utilisée par les États parce qu'elle permet d'éviter les lenteurs engendrées par la lourdeur de la procédure classique.

Au demeurant, tous les Accords ne peuvent pas être conclus selon la procédure simplifiée. Au Sénégal et dans certains pays de tradition juridique occidentale, la Constitution cite un certain nombre de domaines dans lesquels la conclusion d'un Accord doit obligatoirement passer par une procédure solennelle.

2. La procédure solennelle de conclusion des Accords

La procédure solennelle de conclusion des Accords comprend, outre la négociation et la signature, la ratification qui est une condition nécessaire à l'expression du consentement à être lié par un Traité international.

La ratification est l'acte par lequel le Président de la République exprime le consentement de l'État à être lié par un traité et s'engage solennellement à l'exécuter au nom de celui-ci. Elle repose sur un fondement juridique bien déterminé et comprend plusieurs étapes.

II. Fondement de la ratification des engagements internationaux au Sénégal

Au Sénégal, la ratification des instruments juridiques bilatéraux et multilatéraux trouve son fondement dans les dispositions **de l'article 92 de la Constitution** (qui traite de la constitutionnalité des engagements internationaux) et 95 à 98 de la Constitution du 22 janvier 2001.

Aux termes de **l'article 95 de la Constitution**, « Le Président de la République négocie les engagements internationaux. Il les ratifie ou les approuve éventuellement sur autorisation de l'Assemblée nationale. ».

Toutefois, il convient de noter que la ratification n'est pas toujours requise pour l'entrée en vigueur d'un instrument juridique international signé ou adopté par le Sénégal. En effet, l'article 96 de la Constitution énumère les catégories de Traités ou Accords qui ne peuvent être ratifiés ou approuvés qu'en vertu d'une loi votée par l'Assemblée nationale, à savoir :

- les traités de paix,
- les traités de commerce,
- les traités ou accords relatifs à l'organisation internationale,

- les traités engageant les finances de l'État,
- les traités modifiant des dispositions de nature législative,
- les traités relatifs à l'état des personnes,
- les traités comportant cession, échange ou adjonction de territoire.

À la lumière des dispositions susmentionnées, il apparaît que l'objectif de la ratification est, d'une part, de contrôler la conformité des engagements internationaux à la loi fondamentale qu'est la Constitution et, d'autre part, de préserver les intérêts généraux du Sénégal.

Ainsi, l'article 97 de la Constitution précise que « Si le Conseil constitutionnel a déclaré qu'un engagement international comporte une clause contraire à la Constitution, l'autorisation de le ratifier ou de l'approuver ne peut intervenir qu'après la révision de la Constitution ».

La ratification est donc une formalité constitutionnelle qui obéit à une procédure qui se déroule en trois étapes marquées par les interventions successives du Gouvernement, du Parlement et du Président de la République.

III. Les différentes étapes de la procédure de ratification au Sénégal

1. L'engagement de la procédure par le Gouvernement

C'est la DAJC, à travers la division des Conventions et Accords internationaux (CAI), qui est habilitée à enclencher la procédure au terme de laquelle le Sénégal exprime son consentement à être lié par un instrument juridique international.

Toutefois, l'initiative de la ratification vient souvent du Département ministériel concerné par l'application de l'instrument en question. Dans ce cas, il est fait obligation à ce dernier de mettre à la disposition du Ministère des Affaires étrangères une copie certifiée conforme du Traité ou de l'Accord à ratifier (les autres Ministères pouvant conclure des Accords relevant de leurs domaines de compétence, sous certaines conditions) et une fiche technique y relative.

Sur la base des documents sus indiqués, la CAI élabore un dossier de ratification comportant les éléments suivants :

- ✓ un exposé des motifs ;
- ✓ un projet de loi autorisant le Président de la République à ratifier ;
- ✓ un projet de décret de publication de l'instrument de ratification ; et

✓ la version certifiée du Traité ou de l'Accord.

Lorsque la phase préparatoire décrite ci-dessus est terminée, le dossier ainsi constitué est transmis en deux cent soixante (260) exemplaires, au Secrétariat général du Gouvernement, en vue de son inscription à l'agenda de l'une des réunions du Conseil des Ministres.

Une fois adopté en Conseil des Ministres, le Gouvernement soumet au Parlement le projet de Loi autorisant le Président de la République à ratifier cet Accord.

2. L'autorisation du Parlement

L'autorisation du Parlement participe du contrôle de l'activité du Pouvoir exécutif par l'Assemblée nationale, en tant qu'organe de droit commun, en matière législative.

Saisie par le Gouvernement d'un projet de Loi autorisant le Président de la République à ratifier un Accord, l'Assemblée nationale examine et adopte celui-ci selon la procédure législative ordinaire. Le projet est d'abord examiné en Commission technique ou en inter commission, puis en plénière.

Lors de l'examen du projet de Loi par le Parlement, le Ministre des Affaires étrangères est chargé, en relation avec les administrations concernées, de suivre les procédures requises : il doit notamment en lire l'exposé des motifs, répondre aux éventuelles questions et demandes d'informations des Commissaires et/ou des Députés présents en séance plénière pour voter la Loi.

3. La ratification par le Président de la République

Après son adoption par l'Assemblée nationale à la majorité absolue des suffrages exprimés, la loi est transmise sans délai au Président de la République pour promulgation.

La loi adoptée est, ensuite, promulguée par le Président de la République qui, ce faisant, parachève un acte interne destiné à l'habiliter lui-même à procéder à une opération internationale.

C'est sur cette base légale que la CAI établit l'instrument de ratification appelé **Lettres de Ratification** et le soumet à la signature du Président de la République.

L'instrument de ratification est donc un acte signé par le Président de la République, par lequel celui-ci fait sien l'engagement souscrit en son nom ou au nom de la République du Sénégal. Il doit être adressé à l'État cosignataire ou au dépositaire indiqué dans les dispositions pertinentes du Traité en question.

Sa transmission se fait par valise diplomatique via la représentation diplomatique sénégalaise dans le pays cosignataire ou le pays où se trouve le dépositaire (généralement le Secrétaire général des Nations Unies) qui en accuse réception, informe les autres États Parties, tout en indiquant la date d'effet.

4. La publication

La publication a pour objet de rendre public le contenu du Traité ou de l'Accord et de l'introduire dans l'ordre juridique national.

Sauf cas exceptionnels, tous les Traités ou Accords officiels de la République du Sénégal doivent être publiés au Journal officiel de la République du Sénégal. Cette publication est d'autant plus importante que de nombreux Traités peuvent affecter des intérêts privés.

Pour la publication des Traités ou Accords régulièrement ratifiés ou approuvés, le législateur a prévu les règles dans la loi 70-14 du 6 février 1970 fixant les règles d'applicabilité des lois, des actes administratifs à caractère réglementaire et des actes administratifs à caractère individuel. Son article 4 dispose que « Les décrets ordonnant la publication au Journal officiel des conventions internationales ne peuvent intervenir qu'après l'entrée en vigueur internationale de celles-ci. Toutefois, ils pourront intervenir avant cette entrée en vigueur lorsque la date de celle-ci sera connue à l'avance de façon déterminée ; ladite date devra, dans ce cas, être mentionnée dans le décret correspondant. »

Au demeurant, il convient de rappeler qu'aux termes de l'article 98 de la Constitution, « Les Traités ou Accords régulièrement ratifiés ou approuvés ont, dès leur publication, une autorité supérieure à celle des lois, sous réserve, pour chaque accord ou traité, de son application par l'autre partie. »

Le rang des normès internationales au sein de l'ordonnancement juridique est donc clairement défini par la Constitution.

Certes, elles sont infra constitutionnelles, en ce sens qu'elles ne peuvent produire d'effet juridique si elles sont contraires à la loi fondamentale. Mais elles ont une valeur supérieure à la loi, dès lors qu'elles ont été ratifiées ou approuvées par l'exécutif et qu'elles sont appliquées par les autres États signataires.[3]

Ainsi, de la publication d'un Traité ou d'un Accord ratifié par le Sénégal, peut naître la nécessité de réviser une ou plusieurs dispositions légales et/ou réglementaires en vigueur, si elles sont contraires aux nouvelles normes introduites par le Traité ou l'Accord en question.

---

[3] Voir article 97 de la Constitution.

Chapitre III

Principes en matière de négociation et de signature d'engagements internationaux au Sénégal

Dans le cadre de la négociation des Accords, des textes législatifs et règlementaires, il est important de prendre en considération certains principes.

Ainsi, il n'est pas recommandé de recourir à une expertise extérieure, notamment à un cabinet spécialisé ou à un consultant, pour la rédaction des textes législatifs et réglementaires.

En effet, les textes normatifs constituent la modalité d'expression de la volonté des pouvoirs publics ainsi que la traduction juridique des politiques publiques, définies par les Autorités sénégalaises. Par conséquent, ils doivent être conçus et rédigés par les services de l'État en relation avec tous les acteurs concernés. A cet effet, un comité ou une commission de rédaction peut être créé par arrêté du Ministre maître d'œuvre, qui en fixe les modalités d'organisation et de fonctionnement. Maintenant, il y a des cellules juridiques dans les ministères chargés d'une mission de coordination et de contrôle de la qualité des textes normatifs avant leur introduction dans le circuit normatif.

Ainsi, toutes les directions, les services rattachés et, au besoin, les organismes placés sous la tutelle du Ministère maître d'œuvre (agences d'exécution, établissements publics, sociétés nationales, sociétés anonymes à participation publique majoritaire, etc.) doivent être associés à l'élaboration des textes, dans le cadre de réunions d'orientation et de rédaction. La dernière mouture desdits textes doit s'intégrer harmonieusement dans les options majeures de la politique mise en œuvre par le département ministériel en tant que composante de la politique gouvernementale.

Lorsqu'en raison de la particularité ou de la complexité du sujet traité il est nécessaire de recourir à une expertise extérieure, il est fortement recommandé que les services du Département concerné soient associés à toutes les étapes, de la conception et de l'élaboration du texte pour leur permettre de participer à la finalisation du texte.

Par ailleurs, il est fait obligation de signer les Conventions, Accords, protocoles ou encore contrats conclus au nom de l'État avec des sociétés privées ou des organismes d'État étrangers, ou encore avec des organisations gouvernementales ou non gouvernementales internationales et qui engagent notamment financièrement le pays, dans la langue officielle de travail, qu'est le français.

C'est pour éviter de signer des textes qui comportent des dispositions non conformes au système juridique et institutionnel ou engager les finances publiques, au-delà des prévisions arrêtées par le ministère chargé des Finances.

Concernant la capacité de conclure, les actes à caractère international ne peuvent être négociés et signés que par des personnes dûment habilitées à cet effet, à savoir le Président de la République, le Premier Ministre, le Ministre des Affaires étrangères et les autres Ministres sectoriels en cas d'habilitation. Le Ministre de l'Économie et des Finances quant à lui est habilité à conclure des Conventions de financement.

En outre, lorsque le partenaire avec lequel l'Accord est signé n'appartient pas à l'espace francophone, le document doit impérativement être rédigé dans sa langue et en langue française, les deux textes originaux faisant foi. A cet égard, le seul organisme public autorisé à délivrer des traductions de documents officiels est le Service des Conférences et de la Traduction (SCIT) du

Ministère chargé des Affaires étrangères qui dispose d'un service dédié à cela.

Par ailleurs, chaque fois que les finances publiques sont sollicitées, l'avis du Ministère chargé des Finances est requis, pour s'assurer des capacités de notre pays à soutenir les engagements prévus.

De même lorsque l'engagement international est conclu par un démembrement de l'État (Agence ou autre), l'avis positif du Ministère de tutelle est également requis.

En tout état de cause, l'avis du Ministère chargé des Affaires étrangères (Direction des Affaires juridiques et consulaires) doit être recueilli, car il est le garant de la cohérence des engagements internationaux et de la protection juridique de notre pays.

Chapitre IV

Les règles de présentation et de rédaction des textes législatifs et réglementaires

La circulaire n°00041 PM/ SGG/SGA.P.A.T/SP du Premier Ministre du 06 octobre 2015[4] a fixé et stabilisé des règles uniformes de présentation et rappelé certaines normes de rédaction des textes législatifs et réglementaires en vue de faciliter leur intelligibilité et d'assurer la cohésion de l'action administrative.

---

[4] Cf. circulaire n⁰ 00041 PM/ SGG/SGA.P.A.T/SP du 6 octobre 2015 du Premier Ministre du 06 octobre 2015.

Ce référentiel légistique unique favorise l'instauration d'un cadre normalisé de présentation et de rédaction des actes législatifs et réglementaires au Sénégal.

I. Les règles de présentation et de rédaction des textes législatifs et réglementaires

A. L'appellation officielle de l'État et le timbre

À la première page du texte, l'appellation officielle de l'État est mentionnée sur une seule ligne en majuscule et en gras. La désignation de l'État figure en haut et est alignée à gauche de cette page ainsi qu'il suit.

« **REPUBLIQUE DU SENEGAL** »

L'appellation officielle de l'État est suivie de la devise nationale qui est écrite en minuscule et en italique : « **Un Peuple-Un-But-Une Foi** »

Le timbre est la mention d'identification du ministère maître d'œuvre du projet de loi ou du projet de décret. Il figure également en haut et à gauche de la première page sous la devise nationale.

Le timbre doit se limiter à indiquer le département ministériel ayant conçu le texte, sans qu'il soit nécessaire de préciser la direction technique ou le service qui l'a effectivement élaboré.

Par exemple : « Ministère des Affaires étrangères et des Sénégalais de l'Extérieur »

B. L'intitulé du texte

1. Règles de présentation.

À la première page du texte, comportant le document de présentation (exposé des motifs, rapport ou note de présentation), l'intitulé du texte est centré et écrit en gras.

Il doit être précédé de la mention « projet », qui signifie qu'il ne s'agit que d'une proposition faite à l'Autorité qui garde un pouvoir d'appréciation quant à la suite à lui donner.

2. Titres de modification ou d'abrogation.

- L'intitulé indique, de manière aussi claire, précise et concise que possible, l'objet essentiel de l'acte normatif.

Il est recommandé de rédiger l'intitulé en utilisant les formules suivantes.

« Projet de loi/ de décret/d'arrêté relatif à... » ;

« Projet de loi de décret/d'arrêté portant... »

« Projet de loi de décret/d'arrêté portant application.../ relatif à l'application de... » (S'il s'agit d'un texte d'application)

- S'agissant des textes modificatifs, les formules suivantes sont recommandées.

« Projet de loi de décret/d'arrêté modifiant la loi/le décret/l'arrêté... »

« Projet de loi /de décret/d'arrêté abrogeant et remplaçant les articles 2,3, 5 et 23 de la loi/du décret/de l'arrêté... »

« Projet de loi /de décret/d'arrêté complétant l'article 11 de la loi/du décret/de l'arrêté... » (S'il s'agit d'une modification par insertion).

- En ce qui concerne les textes abrogatifs, lorsque le projet de texte abroge un autre texte intégralement, la formule suivante est utilisée :

« Projet de /décret/arrêté abrogeant et remplaçant la loi/le décret/l'arrêté... ».

Mais, il est souvent recommandé de se limiter à mentionner dans le titre l'objet du texte, sans faire référence à l'abrogation d'un texte antérieur, dès lors que le texte contient une disposition abrogatoire expresse.

L'intitulé du contenu dans la page comportant les visas (s'il s'agit d'un décret ou d'un arrêté), ou dans celle où est rédigé le dispositif du texte (s'il s'agit d'une loi), est aligné à droite de la page et écrit en gras. Il ne comporte pas le mot « Projet » et est suivi de la mention « n° ... ».

Par exemple : Décret n° ... relatif au contrat de stage.

C. L'autorité qui décide

Après l'énoncé de l'intitulé du texte et avant les visas, le rédacteur doit mentionner l'autorité qui décide, c'est-à-dire l'autorité ayant édicté l'acte. Il peut s'agir du Président de la République, du Premier Ministre ou d'un ministre.

La mention de l'autorité qui décide doit être centrée et rédigée en gras et en majuscule, suivie d'une virgule.

Par exemple :

LE PRESIDENT DE LA REPUBLIQUE,

LE PREMIER MINISTRE,

LE MINISTRE,

Toutefois, cette mention ne figure pas dans les textes législatifs.

D. Les documents de présentation

1. Objet

Les documents de présentation sont destinés à éclairer respectivement le Parlement ou le signataire du texte (Président de la République ou Premier Ministre) sur le sens et la portée des dispositions qui lui sont soumises.

Seuls les décrets et les arrêtés comportent des visas. La loi ne contient pas de visas, puisqu'il s'agit d'une norme-cadre ainsi que les exposés des motifs des Accords internationaux.

Les documents de présentation ont pour objet d'énoncer le contexte dans lequel s'insère le projet normatif, les raisons pour lesquelles celui-ci est proposé, les objectifs qu'il se fixe, les innovations qu'il apporte au cadre juridique antérieur ainsi que sa teneur, c'est-à-dire son économie générale.

2. Règles de présentation

Les documents de présentation sont annoncés à la première page du texte par la formule « **EXPOSE DES MOTIFS** » (pour les lois et Accords internationaux), « **RAPPORT DE PRESENTATION** » (pour les décrets) ou « **NOTE DE PRESENTATION** » (pour les arrêtés).

Ces formules sont alignées au centre et écrites en gras et en majuscule. Par souci de cohésion, il est recommandé que le document de présentation tienne sur deux pages au maximum.

Si le texte est structuré en parties, livres, chapitres ou sections, etc., à la fin, le document de présentation doit décliner sa structuration, par une liste de puces, ainsi qu'il suit. Le présent projet de loi/décret/arrêté comprend trois chapitres :

- le chapitre premier est relatif à ...
- le chapitre II traite de....
- Le chapitre III concerne...

Le document de présentation est clôturé par la formule suivante : « Telle est l'économie du présent projet de loi/de décret/ d'arrêté ».

L'exposé des motifs accompagnant les lois n'est pas signé.

Mais, s'agissant du rapport de présentation ou de la note de présentation, la signature du ministre sur le rapport duquel le texte est élaboré est obligatoire. Cette signature est apposée au bas du document de présentation après la mention du titre du ministre.

E. Les visas

1. Objet

Les projets d'ordonnance, de décret et d'arrêté comportent des visas. Ils ont pour objet notamment :

- de justifier la compétence de l'auteur de la décision ;
- de mettre en évidence les textes dont le projet doit faire application ou qu'il doit modifier ou transposer ;
- d'attester du respect des procédures, particulièrement des consultations préalables et obligatoires (consultation de la Commission d'évaluation des agences d'exécution, du Conseil consultatif national du Travail et de la Sécurité

sociale, du Conseil supérieur de la Fonction publique, etc.)

2. Techniques de visas

Les visas n'ont pas de portée juridique propre, l'omission d'un visa ou une erreur dans les visas étant sans influence sur la légalité du texte. Néanmoins, les visas doivent être soigneusement présentés. Ils sont précédés du terme « VU » qui s'écrit en majuscule.

Les textes sont visés avec leur numéro, leur date et leur intitulé suivi d'un point-virgule à la fin. Les codes s'écrivent avec un « C » en majuscule.

Exemple : « VU la loi n° 72-61 du 12 juin 1972 portant Code de la Famille ; ».

Les avis des organismes consultés sont mentionnés avec leur numéro et leur date. Exemple : « VU la délibération n°0025/2015 du 2 mai 2015 du Conseil de surveillance de... ».

On vise un texte que le projet abroge partiellement, mais jamais un texte que le projet abroge entièrement ; en effet, l'abrogation totale d'un texte a pour effet de le faire sortir de l'ordonnancement juridique.

De même, dans un décret, on ne vise pas en principe un arrêté ministériel ou interministériel.

Lorsque le texte visé comporte des modifications, il est d'usage de mentionner expressément les textes modificatifs dans la limite de trois, avec l'indication de leur numéro et de leur date, mais non de leurs intitulés.

- Mais, si le texte a subi plus de trois modifications, on se contente de le signaler
- Par la mention « modifié (e) » placée après la mention de sa date et de son objet.

Par exemple : « VU la loi n°65-60 du 21 juillet 1965 portant Code pénal, modifiée ».

Le visa du décret portant nomination du Premier Ministre, celui du décret portant composition du Gouvernement et du décret portant répartition des services de l'État n'est justifié que lorsque le projet normatif a un lien avec ces textes.

A titre d'exemple, un projet de décret devant être contresigné par le Premier Ministre devrait viser le décret portant nomination du Premier Ministre.

Les visas se terminent par la référence au rapport du ministère ou de la direction ayant initié le texte ; ce dernier visa se termine par une virgule : « Sur le rapport du Garde des Sceaux, Ministre de la Justice ».

3. Ordre hiérarchique

La présentation des visas obéit à l'ordre suivant, conformément à la hiérarchie des normes :

- La Constitution,
- Les conventions internationales,
- Les règlements et directives communautaires,
- Les lois organiques,
- Les codes (y compris les codes purement réglementaires),
- Les lois et les ordonnances ayant de plein droit valeur législative,
- Les décrets,
- Les arrêtés,
- Les consultations obligatoires,
- L'intervention du Conseil constitutionnel ou de la Cour suprême.

S'agissant des Directives communautaires, la référence au texte de la Directive transposée dans l'acte de transposition constitue même une obligation prévue par la plupart des Directives des organisations communautaires auxquelles le Sénégal est membre.

4. Ordre chronologique

Les textes d'une même catégorie sont classés selon un ordre chronologique en commençant par les textes les plus anciens et en terminant par les plus récents suivant le modèle suivant.

VU la loi n° 61-33 du 15 juin 1961 relative au statut général des fonctionnaires, modifiée,

VU la loi n° 97-17 du 1er décembre 1997 relative au Code du travail, modifiée.

VU la loi n° 2008-11 du 25 janvier 2008 sur la cybercriminalité ;

VU la loi n° 2011-01 du 24 février 2011 portant Code des télécommunications ; »

F. Le verbe central

Le verbe central est un verbe placé au-dessus du dispositif normatif (corps du texte). Il est aligné au centre et écrit en gras et en majuscule suivi de deux points. Par exemple :

« **ORDONNE** : » (pour les ordonnances)

« **DECRETE** : » (pour les décrets)

« **ARRETE** : » (pour les arrêtés)

Toutefois, la loi ne comporte pas de verbe central.

G. Le dispositif normatif

1. Subdivision du texte normatif

Dans un texte court, relatif à un seul sujet, une subdivision en articles est le plus souvent suffisante. Cependant, par souci de clarté, un texte long, traitant de sujets multiples (surtout les codes), peut être divisé en livres, titres, chapitres, sections et articles ou même en chapitres, sections. Ces subdivisions (titres, livres, chapitres, sections et articles) doivent être écrites en gras.

En outre, chaque partie, livre, titre, chapitre et article est suivi d'un point et du « tiret du six (6) » avant la mention de son intitulé.

Ainsi, conformément à la circulaire présidentielle n° 1596 PR/SG/JUR du 17 juillet 1980 relative à l'emploi des majuscules et des virgules, on se conformera aux règles suivantes :- les parties, les livres et les titres sont en majuscules.

Exemple (tiré du Code de Procédure pénale).

Première partie.

Dispositions Générales.

Livre Premier. - de l'Exercice de l'Action Publique et de l'Instruction.

Titre Premier. - des Autorités chargées de l'Action publique et de l'Instruction.

Les chapitres, sections et articles sont en minuscules, sauf en ce qui concerne la première lettre et les noms ou substantifs, qui commencent par une majuscule).

Exemple (tiré du Code de Procédure pénale).

Chapitre premier. — De la Police judiciaire.

Chapitre II. — Du Ministère public.

Section 1. — Dispositions générales.

Article premier. — La Police judiciaire est chargée...

Article 2. — Ont la qualité d'officier de police judiciaire... »

2. Définitions

Lorsque le projet normatif comporte des notions techniques, il est recommandé d'y insérer un chapitre ou un article intitulé « définition » ou « terminologie », consacré à leur conceptualisation, en respectant l'ordre alphabétique.

Le chapitre ou l'article comportant les définitions est précédé de l'expression suivante : « Au sens/Aux fins de la présente loi, on entend par : »

Chaque terme défini est écrit en gras et la définition se termine par un point-virgule, selon le modèle suivant :

« Au sens/Aux fins de la présente loi, on entend par : »

- Affrètement : le contrat par lequel le fréteur s'engage moyennant paiement d'un certain fret, à mettre à la disposition de l'affréteur un navire en bon état de navigabilité ;
- Capitaine : toute personne qui exerce régulièrement le commandement d'un navire,

3. La numérotation des articles

Les articles sont numérotés dans l'ordre croissant (Article premier, Article 2, Article 3, etc.). Chaque article est suivi d'un point et du tiret de six (6).

Par exemple : Article 2.-

Typographiquement, le début de l'alinéa est indiqué par un léger retrait sur l'alignement du texte.

Pour insérer une ou plusieurs dispositions dans un article du texte, deux techniques peuvent être employées :

- Soit on ajoute à cet article un tiret et un numéro additionnel.

Exemple : On peut insérer entre les articles 8 et 9, les articles 8-1, 8-2, 8-3, 8-4.

On peut insérer entre les articles 23-2 et 23-3, les articles 23-2-1 et 23-2-2 ;

- Soit on ajoute à cet article les signes bis, ter, quater, quinquies, sexies, septies, octies, nonies, decies, etc.

Exemple : On peut insérer entre les articles 20 et 21, les articles 20 bis, 20 ter et 20 quater, etc.

Mais cette dernière technique tend à être supplantée par la première.

4. La subdivision des articles

Un article peut comporter plusieurs alinéas.

L'alinéa constitue toute phrase, tout mot, tout ensemble de phrases ou de mots commençant à la ligne précédée ou non de guillemets, d'un tiret, d'un point ou d'une numérotation.

La référence à la notion d'alinéa dans les textes normatifs est souvent ambiguë en raison des difficultés d'identification et de décompte des alinéas.

Les services producteurs de normes sont invités à agencer le contenu des articles comportant plusieurs alinéas, en utilisant au début de chaque alinéa des chiffres ou des lettres d'identification et non de simples tirets.

La première lettre d'un alinéa est une capitale, même si l'alinéa est précédé d'une lettre ou d'un chiffre d'identification.

Par exemple :

Article 2.- La commission des marchés 1^{0} Il est institué une Commission de régulation des marchés, 2^{0} Elle a pour mission de réguler les marchés...

Ou bien

Article 2.- La commission des marchés

a) Il est institué une Commission de régulation des marchés

b) Elle a pour mission de réguler les marchés... ;

5. Les renvois

Lorsqu'au sein d'un même article, on renvoie à un autre article ou à un autre alinéa du même texte (renvoi intérieur), il convient d'éviter d'utiliser les expressions « l'article précédé suivant ».

Cette technique risque, en effet, de soulever des difficultés en cas d'insertion ultérieure d'un nouvel article dans le texte.

En bonne règle légistique, il est recommandé de renvoyer à un article ou à un alinéa du texte, par référence à un chiffre ou à une lettre. Par exemple, « les obligations mentionnées à l'article 10 de la présente loi » ou « les droits visés au 2° de l'article 23 de la présente loi ».

6. Les textes modificatifs

- Lorsqu'un texte en modifie un autre, il y a lieu de disposer les mots et d'utiliser les caractères et la ponctuation conformément au modèle suivant, en application de la circulaire présidentielle n° 1596 PR/SG/JUR du 17 juillet 1980 relative à l'emploi des majuscules et des virgules :

Article premier.

— L'article 5, l'alinéa premier de l'article 29 et le 7e alinéa de l'article 34 du décret n° ... du ... sont abrogés et remplacés par les dispositions suivantes.

« **Article 5.-....................................** ».

« **Article 29 alinéa premier** ....

« **Article 34 alinéa 7.-**............

- Lorsque la modification du texte se fait par insertion de nouvelles dispositions, il y a lieu de disposer les mots et d'utiliser les caractères et la ponctuation conformément au modèle suivant :

Article premier. - Il est inséré, dans l'article 22 de la loi n°61-33 du 15 juin 1961, les articles 22-1, 22-2 et 22-3 ainsi libellés :

Ainsi, dans la présentation du texte modificatif, les dispositions modifiées ou insérées sont décalées par rapport aux articles du texte modificatif.

7. Les formules abrogatoires

La formule abrogatoire, contenue souvent dans les dispositions transitoires, prévoit l'abrogation totale d'un texte ou de certains articles spécifiques du texte.

Certains ministères ont pris l'habitude d'insérer dans les dispositions transitoires la formule de style suivante : « la présente loi abroge toutes les dispositions contraires ».

Pour conjurer des difficultés d'application du nouveau texte, il est recommandé de spécifier le texte ou les dispositions qui seront abrogées par le projet normatif ainsi qu'il suit :

« Le présent décret abroge le décret n°...du... »

« La présente loi abroge les articles 12, 24, 45 et 78 de la loi n°... du... »

8. La formule exécutoire

L'article d'exécution est la disposition du texte qui énumère les autorités chargées de l'exécution des mesures prévues par ce texte normatif. L'article doit viser les autorités (ministres ou directeurs) chargées de la mise en œuvre du texte dans leurs dénominations génériques.

Par exemple « le ministre chargé de la justice », « ministre chargé des affaires étrangères » ou la « direction chargée des collectivités locales ».

- Il convient d'éviter de viser les dénominations officielles du moment.

Par exemple : « le Garde des sceaux, Ministre de la Justice » ou « le Ministre des Affaires étrangères et des Sénégalais de l'Extérieur ».

Cette dernière pratique peut être source de difficultés d'identification de la structure chargée de l'exécution, en cas de changement dans leurs dénominations officielles.

- L'énumération des autorités doit également respecter l'ordre protocolaire. Pour ce faire, il est demandé de se référer au décret portant composition du Gouvernement en vigueur.

9. Les formules de promulgation

Dans les projets de textes législatifs, il est courant de constater la présence de formules de promulgation.

Ces formules sont ainsi rédigées : « l'Assemblée nationale a adopté en sa séance du... ;

Le Président de la République promulgue la loi dont la teneur suit.

Par le Président de la République :

Le Premier Ministre »

Les formules de promulgation, prévues par le décret n ° 2001-456 du 13 juin 2001 relatif aux formules de promulgation des lois par le Président de la République, varient suivant qu'il s'agit d'une loi ordinaire, d'une loi organique ou d'une loi constitutionnelle.

À l'étape de l'examen du texte au Secrétariat général du Gouvernement, ces formules ne doivent pas être intégrées dans le projet de texte normatif. Elles sont en réalité ajoutées au texte par les services du Secrétariat général du Gouvernement après son adoption par l'Assemblée nationale.

10. La charte graphique des textes législatifs et réglementaires

a. Protocole graphique

La charte graphique vise l'ensemble des règles fondamentales d'utilisation des signes graphiques qui constituent l'identité graphique d'une organisation, d'un projet, d'une entreprise. Elle définit notamment les polices de caractères et les attributs typographiques à utiliser par le rédacteur.

Au Sénégal, l'univers graphique des textes est caractérisé par une grande diversité des règles typographiques utilisées qui varient d'un ministère à un autre, voire d'une direction à une autre, ce qui ne garantit pas un bon confort de lecture des textes. Il est ainsi nécessaire de fixer une charte graphique uniforme des textes législatifs et réglementaires applicable à tous les services de l'État.

En conséquence, la circulaire primatorale demande aux services rédacteurs des textes de se conformer à la charte graphique suivante.

- Type de police: Tahoma
- Taille de police: 12
- Style de police: normal
- Interligne: 1,15

Cette charte graphique s'applique à l'appellation de l'État, au titre, à l'intitulé du texte aux subdivisions et articles du texte.

b. Caractères graphiques

Le corps des textes législatifs et réglementaires est toujours écrit en romain. Échappent à cette présentation, les locutions ou numérotations latines (bis, ter, quater, etc.), les titres d'ouvrages (Les bouts de bois de Dieu), de journaux (Le Quotidien), les mots non francisés (ad hoc, ad litem, ad litteram, etc.), les créations commerciales (Jumbo, Petit Prince, etc.), les devises (Un

Peuple-Un-But-Une Foi) et les mots et expressions en langue étrangère (money), qui sont présentés en italique. Cependant, les numérotations latines sont en romain lorsqu'elles s'insèrent dans des numérotations déjà en italique en tête d'articles insérés ou rédigés.

Par exemple : **Article 34** bis ou **Article 4** ter...

Chapitre V

Procédure de conclusion des Accords de siège

Les Accords de siège, encore appelés conventions d'établissement sont des Accords signés entre le Gouvernement du Sénégal et les ONG ou d'autres structures, en vue de leur accorder certains privilèges (plaques diplomatiques, exonérations fiscales ou douanières, etc...) qui leur permettent d'exercer convenablement leurs activités sur le territoire national, conformément à un programme d'investissement approuvé.

C'est le décret 2015-145 du 04 février 2015 fixant les modalités d'intervention des Organisations Non Gouvernementale qui règlementait la procédure de conclusion d'un Accord de siège entre le Gouvernement du Sénégal et les ONG.

Aux termes de l'article 39 dudit décret, un accord de siège peut être conclu entre le Gouvernement du Sénégal et une ONG étrangère agréée et disposant d'un programme d'investissement approuvé en cours de validité.

A cet effet, une commission interministérielle consultative avait été instituée pour statuer sur les demandes d'Accords de siège formulées par les ONG. La demande de conclusion d'Accord de siège qui est adressée au Département comprend les pièces suivantes :

- ✓ La copie de l'arrêté d'agrément en qualité d'ONG ;
- ✓ La copie du programme d'investissement approuvé ;
- ✓ La liste des membres de l'organe de direction précisant les nom, prénom, qualité et nationalité ;
- ✓ Le projet type d'Accord de siège (disponible à la CAI).

Les demandes d'Accords de siège reçues par le Département sont transmises au Ministère de l'Intérieur pour soumission à la Commission susmentionnée qui se réunit régulièrement pour examiner lesdites demandes.

A l'issue des travaux de la Commission, le Département peut procéder à la signature d'un Accord de siège avec les ONG dont les demandes ont reçu un avis favorable.

Toutefois, il convient de rappeler que la signature d'un Accord de siège relève de la décision de l'Autorité et que les avis émis par la commission sont consultatifs, en d'autres termes, ils ne lient pas le Gouvernement.

Par ailleurs, le Gouvernement du Sénégal peut signer des Accords de siège à titre exceptionnel avec des structures étrangères telles que les fondations, les Associations internationales et les Organisations internationales. Dans ces cas de figure, la CAI sollicite l'avis du Ministère de l'Intérieur, celui du Ministère en charge des Finances et des Départements concernés par les activités de la structure.

Toutefois, en dernier ressort, l'autorisation de Monsieur le Président de la République ou du Premier Ministre est requise avant toute signature d'Accords de siège avec lesdites structures.

Aujourd'hui, le décret n⁰ 2022-1676 du 16 septembre 2023 fixant les modalités d'intervention des ONG a remplacé le décret de 2015 sus visé. On note la suppression des dispositions relatives à l'Accord de siège et l'obligation pour l'ONG de disposer d'un programme d'investissement en cours de validité pour bénéficier de cet Accord.

Ce qui fait que la procédure d'examen des requêtes est du ressort du MAESE qui consulte les Ministères sectoriels concernés avant de rendre compte aux Autorités pour décision.

Chapitre VI

La numérisation et l'archivage des Accords et Conventions internationaux, Accords de siège et documents officiels

Le Ministère des Affaires étrangères et des Sénégalais de l'Extérieur (MAESE), à travers la Direction des Affaires juridiques et consulaires (DAJC), reçoit et archive les Accords et Conventions signés par les plus Hautes Autorités du Sénégal. Face à un accroissement constant, le MAESE a souhaité renforcer ses moyens afin de mieux collecter, classer et conserver les archives diplomatiques.

C'est ainsi qu'un « Projet de numérisation et d'archivage des Accords et Conventions internationaux, Accords de siège et documents officiels du MAESE » a été mis en œuvre.

Le projet ouvre de nombreuses perspectives afin de répondre rapidement et efficacement à la demande pour la consultation des Accords.

Ainsi, la mise en place de cette plateforme d'archivage numérique performante constitue un enjeu important pour l'accélération du processus de traitement des dossiers concernant les Accords et Conventions bilatéraux et multilatéraux.

I. Objectifs du projet

Les objectifs spécifiques gravitaient essentiellement autour des quatre (04) axes suivants :

- ✓ l'adoption d'un plan de classement des archives ;
- ✓ la numérisation de l'ensemble des Accords et Traités ;
- ✓ la facilitation de la recherche documentaire des différents Traités et Accords ;
- ✓ et la mise en place d'un système de confidentialité restreignant l'accès de la plateforme à un personnel autorisé par les autorités du MAESE, et cela grâce à des niveaux d'habilitation différenciés.

II. Le projet

Le projet s'est déroulé en deux (02) étapes successives :

La première étape ou celle de l'archivage physique a consisté d'abord à adopter un plan de classement des archives suivant une commande spécifique du Département et selon les critères définis,

- à concevoir l'outil logiciel qui a servi de plateforme avec les différents niveaux d'arborescence correspondants aux différents types de classements et de recherche d'un document sur la plateforme. Ensuite, les archives physiques sont classées dans des rayons et dans une salle appropriée, afin de permettre leur exploitation par l'équipe en charge de l'archivage numérique.

- La deuxième étape a été l'archivage numérique en tant que telle_: où il a fallu transférer les archives physiques dans le logiciel élaboré à cette fin.

Ainsi, à l'inauguration du projet en juillet 2023, deux mille huit cent trente-cinq (2835) documents ont été intégrés dans la plateforme de gestion des Accords. Elle a été accompagnée par la réfection de la salle d'Archivage et l'installation de rayons modernes en vue de faciliter le classement et la recherche. Grace à cette plateforme, Les professionnels, les étudiants et praticiens des relations internationales peuvent saisir la DAJC qui dispose d'un service des archives afin de faciliter leurs recherches.

Dans le cadre du projet d'informatisation de l'état civil consulaire, cent quarante-deux mille huit-cent cinquante-un (142 851) actes d'état civil ont été numérisés au 11 septembre 2023 depuis la phase pilote en 2018 par Monsieur Mbaye Thiam, Professeur d'archivistique et de gestion des documents administratifs. Ces données sont stockées dans une base de référence Greenstone.

En outre, un logiciel de gestion au niveau du bureau de l'état civil permet d'intégrer des données collectées dans des registres d'état civil des représentations diplomatiques, de faire les vérifications de manière sure et rapide et d'imprimer les actes dans les meilleurs délais

Chapitre VII

Les Droits de l'Homme et le Conseil des Droits de l'Homme (CDH) des Nations Unies

Afin de permettre à tout être humain de s'en prévaloir pleinement, l'Organisation des Nations Unies a consacré deux types de mécanismes de suivi des Droits de l'Homme que sont : les organes créés en vertu d'instruments internationaux relatifs aux Droits de l'Homme appelés organes conventionnels, et les organes mis en place en vertu de la Charte des Nations Unies, dont le Conseil des Droits de l'Homme (CDH).

Le CDH créé en 2006 est le principal forum intergouvernemental des Nations Unies sur les questions relatives aux Droits de l'Homme.[5]

I. Le mandat du CDH

Le Conseil est chargé d'assurer une mise en œuvre effective des Droits de l'Homme garantis par le droit international, en particulier les divers instruments des Nations Unies. Plus spécifiquement, le CDH examine les situations de violations des Droits de l'Homme dans le monde en relation avec des pays ou des thèmes particuliers. Il établit des « standards » internationaux en matière de Droits de l'Homme et promeut les Droits de l'Homme à travers le dialogue, le renforcement des capacités des États et l'assistance technique.

Il convient de souligner que le CDH se distingue des organes des traités en matière de Droits de l'Homme de plusieurs manières. D'abord, il surveille la mise en œuvre des Droits de l'Homme dans tous les États membres des Nations Unies, et non seulement dans les États Parties aux Traités de Droits de l'Homme. Ensuite, le Conseil protège tous les Droits de l'Homme, sans exception.

Le CDH se compose de représentants des gouvernements et non pas d'experts indépendants. Il

---

[5] Le CDH a été créé par la résolution 60/125 de l'Assemblée Générale des Nations Unies du 15 mars 2006, en remplacement de la Commission des Droits de l'Homme.

est un organe à part entière des Nations Unies et a le statut d'organe quasi permanent des Nations Unies et d'organe subsidiaire de l'AG.

II. La composition du Conseil

Le Conseil des Droits de l'Homme est composé de quarante-sept (47) États membres, élus pour un mandat de trois (3) ans. Ils ne sont pas immédiatement éligibles après deux mandats consécutifs. La répartition des sièges au sein du Conseil se fait suivant le principe d'une répartition géographique équitable. Les États africains et ceux de l'Asie-Pacifique disposent chacun de treize (13) sièges, l'Amérique latine et des Caraïbes huit (8) sièges, les États d'Europe occidentale et autres : sept (7) sièges et les États d'Europe de l'Est : six (6) sièges.

III. Les sessions du CDH

Le Conseil se réunit en sessions ordinaires et extraordinaires.

1. Les sessions ordinaires

Le CDH se réunit chaque année en trois (3) sessions ordinaires, au cours desquelles ses membres sont invités à se prononcer sur des questions de Droits de l'Homme ayant attiré l'attention du Conseil. Ces sessions ont lieu en mars (session principale de 4 semaines), en juin (3 semaines) et en septembre (3 semaines). Elles suivent systématiquement un ordre du jour structuré en dix points (« items »)[6].

Les débats tenus durant ces sessions auxquelles participent successivement les États membres du CDH, les États observateurs et les ONG accréditées, se tiennent dans les trois (3) formats que sont : le Débat général, le Dialogue interactif et les Panels/Réunions-débats. À cela s'ajoutent les débats urgents qui peuvent être initiés par un pays ou un groupe de pays, pour traiter de situations urgentes nécessitant une réaction rapide du Conseil.

2. Les sessions extraordinaires

Le CDH peut tenir, au besoin, des sessions extraordinaires considérées comme des réunions de crise. Elles se tiennent si au moins un tiers des membres du Conseil en fait la demande (16 membres au minimum). Les États non membres peuvent également

[6] **Item 1** : Questions d'organisation et de procédure ; **Item 2** : Rapport annuel de la Haut-Commissaire des Nations Unies aux Droits de l'Homme (HC) et rapports du Haut-Commissariat aux Droits de l'Homme (HCDH) et du Secrétaire général (SG) ; **Item 3** : Promotion et protection de tous les Droits de l'Homme, civils, politiques, économiques, sociaux et culturels, y compris le droit au développement ; **Item 4** : Situations relatives aux Droits de l'Homme qui requièrent l'attention du Conseil ; **Item 5** : Organismes et mécanismes de protection des Droits de l'Homme ; **Item 6** : Examen périodique universel (EPU) ; **Item 7** : Situation des Droits de l'Homme en Palestine et dans les autres territoires arabes occupés ; **Item 8** : Suivi et application de la Déclaration et du Programme d'action de Vienne (« VDPA ») ; **Item 9** : le racisme, la discrimination raciale, la xénophobie et l'intolérance qui y est associée – suivi et application de la Déclaration et du Programme d'action de Durban ; et **Item 10** : Assistance technique et renforcement des capacités.

signer la requête. Ces sessions extraordinaires ne sont pas planifiées dans le calendrier annuel du CDH. Elles traitent des situations spécifiques relatives à des violations massives des Droits de l'Homme.

IV. Les mécanismes et procédures du CDH

Il s'agit principalement de l'Examen périodique universel (EPU), des procédures spéciales, la procédure d'examen des plaintes et d'autres instruments.

1. L'Examen périodique universel (EPU)

Ce mécanisme consiste à faire examiner la situation des Droits de l'Homme dans chaque État membre de l'ONU, selon un calendrier fixe et prévisible. Il s'agit d'un contrôle périodique sur un plan universel. La périodicité actuelle de l'EPU est de 4 ans et demi. Quarante-deux (42) États sont examinés par année lors de trois sessions de l'EPU (14 pays sont examinés à chaque session). L'EPU est un cycle qui comprend 3 étapes que sont : l'examen de la situation des Droits de l'Homme du pays concerné, la mise en œuvre par l'État examiné des recommandations reçues et ses engagements volontaires, le bilan de la mise en œuvre de ces recommandations et engagements et du suivi de la situation des Droits de l'Homme dans le pays depuis l'examen précédent.

L'Examen est conduit au sein d'un groupe de travail composé des États membres du CDH et soumis à un dialogue interactif. Les États observateurs et les ONG peuvent participer à l'examen, y compris au dialogue mais ne disposent pas de droit de vote. Pour faciliter la procédure, le groupe de travail et l'État sous examen sont assistés par un groupe de trois États rapporteurs appelé la « Troïka ».

L'examen pour chaque État est fondé sur trois documents en l'occurrence : rapport national[7], une compilation d'informations du système des Nations Unies[8] et un résumé d'informations des parties prenantes appelé « Stakeholder reports ». Il commence par une présentation, par l'État examiné, de son rapport national, suivie d'un dialogue interactif et des recommandations finales.

2. Les procédures spéciales

Les procédures renvoient aux mandats d'experts dont les titulaires portent les titres d'Expert indépendant, de Rapporteur spécial ou de Groupe de Travail. Elles peuvent concerner des mandats à thème spécifique (mandats thématiques) ou sur un pays particulier (mandats pays). Les mandats thématiques

---

7 L'État examiné présente un rapport national de 20 pages au maximum, suivant les directives générales sur la préparation de l'information dans le cadre de l'EPU.

8 Le Haut-Commissariat des Droits de l'Homme compile un résumé de 10 pages au maximum qui comprend des informations provenant du système des Nations Unies.

sont généralement renouvelés tous les trois (3) ans, alors que les mandats pays doivent être réévalués chaque année.

De manière générale, les procédures spéciales examinent, surveillent, fournissent des conseils et informent publiquement sur le respect des Droits de l'Homme. Leurs activités consistent à des études thématiques, collecte de bonnes pratiques, réponses à des plaintes individuelles ou encore recommandations aux autorités nationales.

Dans le cadre de l'exécution de leurs missions, les titulaires de mandats doivent rapporter au Conseil sur une base annuelle. Ils peuvent intervenir sur des allégations spécifiques de violations des Droits de l'Homme[9] et effectuer des visites dans des pays pour y examiner le cadre institutionnel, légal, judiciaire et administratif y relatif, et réaliser des études spécifiques, afin de clarifier la portée d'un droit spécifique, pour une bonne mise en œuvre du droit international.

À ces mécanismes, peuvent également s'ajouter les commissions d'enquêtes indépendantes ainsi que les missions internationales d'établissement des faits, mises en place par le CDH.

---

[9] Violations passées ou qui perdurent, mais aussi violations qui ont un grand risque de se produire.

3. La procédure d'examen des plaintes

Cette procédure permet aux individus de se plaindre de violations flagrantes et attestées des Droits de l'Homme et libertés fondamentales. Elle est confidentielle afin d'assurer de meilleures chances de résultats dans les négociations avec l'État en cause.

Lorsqu'il est saisi d'une plainte individuelle, le Conseil peut considérer le cas et demander davantage d'informations à l'État concerné, désigner un Expert indépendant pour suivre la situation tout en rapportant au Conseil ou solliciter le Haut-Commissariat aux Droits de l'Homme d'un appui technique.

4. La procédure d'examen des plaintes

Cette procédure permet aux individus de se plaindre de violations flagrantes et attestées des Droits de l'Homme et libertés fondamentales. Elle est confidentielle afin d'assurer de meilleures chances de résultats dans les négociations avec l'État en cause.

Lorsqu'il est saisi d'une plainte individuelle, le Conseil peut considérer le cas et demander davantage d'informations à l'État concerné, désigner un Expert indépendant pour suivre la situation tout en rapportant au Conseil ou solliciter le Haut-Commissariat aux Droits de l'Homme d'un appui technique.

Dans le cadre de cette procédure, le CDH s'appuie sur les travaux d'un Groupe de travail des communications, chargé notamment de la recevabilité des plaintes, et d'un Groupe de travail des situations, appelé à présenter au CDH un rapport sur tout un ensemble de violations flagrantes et attestées des Droits de l'Homme et à lui faire des recommandations.

5. Le Comité consultatif

Le Comité consultatif est un organe subsidiaire du CDH. Il fonctionne comme une sorte de cellule de réflexion (ou « think-tank »). Il remplace l'ancienne Sous-Commission des Droits de l'Homme. Le Comité est composé de 18 experts élus par le CDH et siégeant à titre individuel. Ce Comité se réunit deux fois par an et ses sessions sont ouvertes aux États, aux ONG, aux institutions nationales des Droits de l'Homme, aux agences spécialisées ainsi qu'aux organisations intergouvernementales.

6. Les autres instruments subsidiaires du CDH

Les autres organes subsidiaires du CDH sont le Mécanisme d'experts sur les droits des peuples autochtones, le Forum sur les questions relatives aux minorités, le Forum social et le Forum sur les entreprises et les Droits de l'Homme. Le CDH peut également créer des Groupes de travail à composition non-limitée. Ces groupes sont intergouvernementaux par nature et ne doivent pas être confondus avec les groupes de travail d'experts, qui font partie des procédures spéciales. La durée du mandat est en principe d'une année. Ces groupes de travail ont généralement les mandats suivants : le développement du droit international et des standards en matière de Droits de l'Homme, ainsi que le suivi et l'évaluation des progrès accomplis en relation avec une thématique particulière.

V. Les résolutions du Conseil

Les résolutions du Conseil sont l'expression politique de la position de ses membres ou d'une majorité de ses membres à l'égard de questions et problèmes concrets, relatifs aux Droits de l'Homme et retenant particulièrement l'attention de la communauté internationale.

Les résolutions du CDH ne sont pas juridiquement contraignantes. Il s'agit de textes dont les auteurs sont toujours des États. Elles provoquent un débat entre eux, la société civile et les organisations intergouvernementales, et instaurent des nouveaux « standards », lignes ou principes de conduite ou reprennent des règles de conduite existantes. Le plus souvent, les résolutions du CDH permettent de mesurer le degré de préparation et d'engagement politique de la communauté internationale à discuter d'une question concrète qui relève de la problématique des Droits de l'Homme ou de domaines connexes. Le CDH a adopté deux (2) types de résolutions : les résolutions thématiques et les résolutions pays.

1. Les résolutions thématiques

Ces résolutions touchent un grand nombre de sujets allant des droits classiques tels que la liberté d'expression, l'interdiction de la torture, le droit à l'alimentation, etc., aux sujets complexes connexes aux Droits de l'Homme, comme le respect des Droits de l'Homme et la lutte contre le terrorisme, les Droits de l'Homme dans l'extrême pauvreté, la justice de transition et les Droits de l'Homme.

2. Les résolutions pays

Elles visent à constater la gravité de la situation des Droits de l'Homme dans un pays donné et à proposer des mesures pour y remédier. Ces résolutions peuvent donner lieu à la création d'un mandat de rapporteur spécial[10], voire d'une commission d'enquête et/ou mission d'établissement des faits concernant la situation des Droits de l'Homme d'un pays particulier[11]. Elles sont de fait particulièrement sensibles et donc difficiles à négocier. Certaines résolutions pays ont trait à l'assistance technique que l'ONU ou d'autres organisations et États peuvent fournir à un État pour l'aider à améliorer sa situation en matière de Droits de l'Homme.

---

[10] Par exemple, en Biélorussie et au Myanmar.

[11] Par exemple, en Syrie et en Corée du Nord.

Il convient de souligner que le CDH peut également utiliser d'autres instruments à sa disposition, dont les décisions quasiment toujours adoptées par consensus ainsi que les déclarations présidentielles qui sont des décisions consensuelles formellement présentées par le Président du CDH.

VI. Les Groupes au sein du CDH

Il existe trois (3) catégories de groupes au sein du CDH, en l'occurrence les groupes régionaux, les groupes politiques et les groupes informels.

1. Les Groupes régionaux

Il s'agit du groupe des États africains, le groupe des États asiatiques, le groupe des États d'Europe de l'Est, le groupe des États latino-américains et des Caraïbes et le groupe des États d'Europe occidentale et autres. Ces groupes géographiques permettent le roulement ou la répartition équitable des fonctions et des sièges. Ils permettent, en outre, d'échanger des points de vue, voire parfois de coordonner les politiques de fond sur les différentes thématiques abordées au sein du Conseil. Ces groupes forment quelques fois des fronts communs lors des négociations et des votes et favorisent la circulation et l'échange d'informations.

2. Les Groupes politiques

Les principaux groupes politiques actifs au Conseil des Droits de l'Homme sont le Mouvement des Non-alignés (120 États membres), l'Organisation de la Coopération islamique (57 États membres), l'Union européenne (27 États membres), l'Union africaine (54 États membres) et Ligue arabe (21 États membres). Ces groupes ne parviennent pas toujours à avoir un front uni, car quelques-uns de leurs membres font obstacle à des positions communes sur certains sujets. Cela explique, en partie, la résurgence de nouveaux groupes informels.

3. Les Groupes informels

Depuis 2011, on assiste à la naissance ou à la résurgence de certains groupes informels à composition spécifique. Les groupes informels les plus actifs au CDH sont d'abord, le « Like-Minded Group » (LM), composé entre autres de la Fédération de Russie, la Chine, Cuba, l'Égypte, l'Inde, le Pakistan, l'Afrique du Sud et l'Arabie saoudite, ensuite, le « Groupe Article 4 » qui a pour vocation de regrouper tous les États de toutes les régions du monde et enfin le Groupe des Alpins, composé de la Suisse, l'Autriche, le Liechtenstein et la Slovénie et dont le but est l'échange d'informations et d'éventuelles actions.

Il convient de souligner que le CDH est un important organe de protection et de promotion des Droits de l'Homme que le Sénégal a eu l'honneur de présider en 2019, par le biais de l'Ambassadeur Coly SECK, Représentant permanent du Sénégal auprès de l'Office des Nations Unies.

Le Sénégal, fortement attaché au caractère indivisible, indissociable, interdépendant et universel des Droits de l'Homme, adopte des positions de principes sur certaines questions soumises au CDH. Notre pays apporte, généralement, son soutien aux projets de résolutions soumis par ses groupes d'appartenance, notamment le Groupe africain, le Mouvement des Non-Alignés (NAM) et l'Organisation de la Coopération islamique (OCI), et s'abstient, traditionnellement, lors du vote des projets de résolutions soumis par d'autres délégations au titre des mandats/pays et parraine, parfois, des projets de résolutions thématiques qui ne font pas référence aux notions controversées, aux droits sexuels et reproductifs ainsi qu'aux LGBTQ+.

Par ailleurs, l'ancrage du Sénégal aux principes démocratiques et au respect des droits humains l'a incité à être le premier à satisfaire aux formalités de ratification du Statut de Rome, le 02 février 1999. Ce qui constitue un symbole fort éloquent qui a aussi permis au Sénégal de jouer un rôle actif dans la promotion de la mise en œuvre effective du Statut de Rome en Afrique et dans le monde, notamment à travers l'incorporation des dispositions du Statut de Rome dans le corpus législatif interne, la modification du Code pénal et Code de procédure pénale, l'organisation de plusieurs rencontres internationales et la mise à disposition de ressources humaines de qualité qui ont opéré au niveau de plusieurs organisations internationales.

Le Sénégal, État respectueux des droits et de la dignité de l'être humain et soucieux de leur préservation adéquate au niveau international, y compris à travers la répression effective des auteurs de crimes de masse et l'amélioration de la protection et de la prise en charge des victimes, nécessaires aux processus de réconciliation et de reconstruction, ne ménage aucun effort dans le cadre de la protection des droits de l'Homme.

Conclusion

A travers cet ouvrage sur la pratique du Droit international public au Sénégal, les procédures, les règles et formes utilisées dans la rédaction des textes régissant les relations internationales sont mieux appréhendées. Des recommandations sur les bonnes pratiques en matière de négociation et de rédaction sont aussi indiquées.

En outre, un aspect important de la communauté internationale relatif à la protection de l'être humain, à savoir les mécanismes des droits de l'Homme, est mis en exergue.

L'objectif est que ce document soit utile et pratique pour les professionnels du droit, les praticiens des relations internationales et profanes.

Annexes

Annexe 1

Définition de principaux termes

1. Dépositaire

Le dépositaire peut être un ou plusieurs États, une organisation internationale, ou le plus haut fonctionnaire d'une organisation. Il a la charge de conserver l'original du Traité et d'informer les autres États des développements survenus dans le cadre de l'Accord, notamment les nouvelles adhésions et ratifications, les réserves, les amendements, les dénonciations, les retraits, les interprétations, etc.

2. Échange de lettres ou de notes

Un échange de lettres ou de notes est une modalité d'engagement des États dans le cadre d'un Traité bilatéral. La particularité de cette procédure est que les signatures des deux Parties figurent non pas sur une lettre ou sur une note mais sur deux lettres ou sur deux notes séparées. L'Accord est donc constitué par l'échange des lettres ou des notes, chacune des parties ayant en sa possession une lettre ou une note signée par le représentant de l'autre Partie. Généralement, il arrive souvent que dans le cadre de l'entrée en vigueur d'un instrument juridique international bilatéral, les Parties peuvent échanger des lettres ou des notes pour informer que toutes les procédures nécessaires sur le plan interne pour appliquer le Traité en question ont été menées à bien. [cf. article 13 de la Convention de Vienne de 1969].

3. Enregistrement

Il indique l'obligation des États membres de l'Organisation des Nations Unies de transmettre leurs Accords internationaux au Secrétariat de l'Organisation des Nations Unies en vertu de l'Article 102 de la *Charte des Nations Unies* (voir section).

4. Entrée en vigueur

- **Entrée en vigueur à titre définitif**

L'entrée en vigueur d'un Traité à titre définitif est fixée dans les dispositions finales de l'Accord.

Il peut entrer en vigueur à la date de sa signature, ou à une période donnée ou en cas de ratification par les deux États ou dépendant parfois du nombre de ratifications si c'est un Accord multilatéral.

En outre, un Accord peut entrer en vigueur par échange de notes ou de lettres ainsi que par décret d'approbation.

- **Entrée en vigueur pour un État**

Un Accord qui est déjà entré en vigueur peut être applicable, pour un État qui a ratifié ou adhéré selon les modalités prévues dans le texte du traité en question.

- **Entrée en vigueur à titre provisoire**

Certains Accords peuvent entrer en vigueur de manière provisoire en attendant l'entrée en vigueur définitive qui se fait généralement après ratification.

En cas d'application provisoire d'un Accord, il produit ses effets pour les Parties qui en ont décidé ainsi. (cf. article 1 de l'article 25 de la Convention de Vienne de 1969)

5. Pleins Pouvoirs

Les Pleins Pouvoirs sont un document signé par le Président de la République, le Premier Ministre et généralement par le Ministre des Affaires étrangères autorisant une personne à agir pour le compte de l'État des actes donnés dans le cadre d'un Traité.

Toutefois, les Chefs d'État, Chefs de gouvernement et les Ministres des Affaires étrangères n'ont pas besoin de Pleins Pouvoirs pour tous les actes relatifs à la signature d'un Traité.

Concernant le Ministre de l'Economie et des Finances, il peut signer les Accords de financement sans Pleins Pouvoirs.

6. Ratification, acceptation, approbation

Les termes « ratification », « acceptation » et « approbation » ont des différences de terminologie. Ils manifestent le consentement d'un État à être lié par un Traité. La ratification désigne l'acte international par lequel le Chef de l'État signe une lettre de ratification pour informer que toutes les procédures internes ont été accomplies et que le pays accepte d'appliquer les dispositions dudit Accord. La Lettre de ratification est établie après l'autorisation du Parlement. Pour les Traités multilatéraux, le dépôt de l'instrument auprès du dépositaire ; et pour les Traités bilatéraux, l'échange d'instruments entre les Parties.

Par contre, les instruments d'adhésion ou d'approbation ne nécessitent pas la procédure solennelle d'examen par l'Assemblée nationale. Une lettre signée par le Ministre des Affaires étrangères informant de l'adhésion ou de l'acceptation d'un Traité par l'État est suffisante.

L'acte de ratification au niveau national n'est pas suffisant pour établir le consentement d'un État à être lié au niveau international. Il faudrait la lettre de ratification qui informe la communauté internationale de l'engagement de l'État à mettre en œuvre.

7. **Réserve**

Une réserve est une déclaration faite par un État qui vise à exclure ou à modifier l'effet juridique de certaines dispositions du traité dans leur application à cet État. Une réserve permet à un État de participer à un Traité multilatéral auquel il ne pourrait pas ou ne voudrait pas participer. Les États peuvent émettre des réserves à un Traité au moment de la signature, de la ratification, de l'acceptation, de l'approbation ou de l'adhésion. Elles ne doivent pas être incompatibles avec l'objet et le but du Traité. Certains Accords interdisent les réserves ou n'autorisent que certaines réserves. [cf. 2, par. 1 alinéa d et articles 19 à 23 de la Convention de Vienne de 1969].

Une objection à une réserve n'empêche pas le Traité d'entrer en vigueur entre l'État qui a formulé l'objection et l'État auteur de la réserve, à moins que l'intention contraire n'ait été nettement exprimée par l'État qui a formulé l'objection» (alinéa b, paragraphe 4, de l'article 20 de la Convention de Vienne de 1969). Pour éviter toute ambiguïté, l'État auteur d'une objection précise d'habitude si son objection à la réserve empêche l'entrée en vigueur du Traité entre lui-même et l'État auteur de la réserve.

8. Retrait des réserves

Sauf disposition contraire du traité, un État peut à tout moment retirer une réserve ou une objection à une réserve, dans son intégralité ou partiellement.

9. Amendement et révision :

Amendement et révision ont généralement le même sens. Toutefois, certains Traités prévoient une révision, en plus des amendements (voir, par exemple, article 109 de la Charte des Nations Unies).

Généralement, la révision évoque une adaptation profonde du traité au changement de circonstances alors que le terme « amendement » ne vise que les modifications portant sur des dispositions particulières.

10. Signature

Signature définitive. Il s'agit des Accords en forme simplifiée qui ne nécessitent pas de ratification. L'Accord entre en vigueur dès sa signature par les Parties.

[Voir article 12 de la Convention de Vienne de 1969].

Par contre, on parle de signature simple lorsqu'un État signe le Traité sous réserve de ratification, d'acceptation ou d'approbation. L'État n'exprime pas son consentement définitif à être lié par le Traité tant qu'il ne l'a pas ratifié, accepté ou approuvé. (Voir articles 14 et 18 de la Convention de Vienne de 1969).

11. **Traités**

Peuvent ainsi être conclu entre :

Des États ;

a) Des États et des organisations internationales qui ont le pouvoir de conclure des traités ; ou

b) Des organisations internationales qui ont le pouvoir de conclure des traités.

Le terme « traité » est désigné pour indiquer l'intention pour les Parties de créer des droits et des devoirs au regard du droit international. La Convention de Vienne de 1969 définit le traité comme « un accord international conclu par écrit entre États et régi par le droit international, qu'il soit consigné dans un instrument unique ou dans deux ou plusieurs instruments connexes, et quelle que soit sa dénomination particulière» (article 2, paragraphe 1, alinéa a). Ainsi, les conventions, les accords, les protocoles et les échanges de lettres ou de notes constituent des Traités. Un traité doit être régi par le droit international et il doit être consigné par écrit. Quoique la Convention de Vienne de 1969 ne s'applique pas aux accords qui ne sont pas consignés par écrit, sa définition du traité indique que l'absence de consignation par écrit n'a pas d'influence sur l'effet juridique des accords internationaux.

Il n'existe pas de règles internationales pour définir les cas dans lesquels un instrument international doit être désigné par le terme de «traité». D'ordinaire, le terme est cependant réservé à des domaines qui présentent une certaine gravité et solennité. Voir article 2, paragraphe 1a de la Convention de Vienne de 1969.

Voir aussi la Convention de Vienne de 1969 et la Convention de Vienne de 1986 dans leur ensemble.

- **Traité bilatéral :**

Un Traité bilatéral est un traité entre deux sujets de droit international.

- **Traité multilatéral :**

Un Traité multilatéral est un Traité entre plus de deux sujets de droit international.

- **L'adhésion :**

L'acte par lequel un État qui n'est pas Partie au Traité originaire exprime son consentement à être lié par un Traité après l'entrée en vigueur de l'Accord.

Acceptation ou approbation peuvent avoir la même signification que le terme ratification. Dans ce cas, elles ont le même effet juridique que la ratification et les mêmes règles s'appliquent, sauf disposition contraire du traité (voir article 14 (2) de la Convention de Vienne de 1969).

12. Déclaration interprétative

C'est la possibilité donnée à un État de faire une déclaration sur la façon dont il comprend un passage ou interprète une disposition particulière d'un Traité. Elle est différente de la réserve et n'a pas pour objectif d'exclure ou de modifier les effets juridiques d'un traité.

13. Déclarations facultatives et obligatoires

Les Traités peuvent prévoir des déclarations facultatives et/ou obligatoires. Ces déclarations ont un caractère juridiquement contraignant pour ceux qui les formulent.

Par contre, celles facultatives revêtent pour ceux qui les font un caractère juridiquement contraignant.

14. Déclarations obligatoires

Lorsqu'un Traité prévoit que les États qui y deviennent Parties fassent des déclarations obligatoires, la déclaration est normalement déposée lors de la signature ou du dépôt de l'instrument de ratification, d'acceptation, d'approbation ou d'adhésion. La déclaration peut parfois être formulée ultérieurement.

15. Extinction :

L'article 42, paragraphe 2 de la Convention de Vienne de 1969, dispose que l'extinction d'un traité ne peut avoir lieu qu'en application des dispositions du traité en question ou de la Convention de Vienne de 1969 (par exemple de ses articles 54, 59 à 62, et 64).

Annexe 2 à 15

Modéles de lettres et notes diplomatiques

Annexe 2

Modèle de lettre de transmission d'un Accord pour avis et observations

REPUBLIQUE DU

———

MINISTERE DES AFFAIRES ETRANGERES

———

Dakar, le ...

LE MINISTRE

Monsieur le Ministre,

Je voudrais vous faire parvenir, ci-joint, avec la lettre qui l'accompagne, une copie du projet d'Accord de coopération dans le domaine de l'enseignement supérieur et de la recherche que le Gouvernement de la République de ... propose au Gouvernement de la République du ...

Ce document a été transmis à mon Département par note verbale référencée RS/046/2020 du 03 juillet 2020, de l'Ambassade de la République de... à Dakar.

Je vous saurais gré de bien vouloir me faire part de vos avis et observations y relatifs.

Veuillez agréer, **Monsieur le Ministre**, l'expression de ma haute considération.

Nom et fonction signataire

Monsieur X

Ministre de ....

Destinataire

Annexe 3

Modèle de note verbale de transmission de projet d'Accord pour avis et observations

REPUBLIQUE DU N°

Un Peuple – Un But – Une Foi

———

MINISTERE DES AFFAIRES ETRANGERES

———

Dakar, le________

Le Ministère des Affaires étrangères de la République du... présente ses compliments à l'Ambassade de la République de ... à Dakar et, faisant suite à Sa note verbale référencée RS/046/2020 du 03 juillet 2020, transmettant le projet d'Accord de coopération dans le domaine de l'enseignement supérieur que le Gouvernement de la République de... propose au Gouvernement de la République du ..., a l'honneur de Lui faire parvenir, ci-joint, les observations de la Partie ... sur ledit projet d'Accord.

Le Ministère saurait gré à l'Ambassade de bien vouloir transmettre lesdites observations aux Autorités compétentes et lui faire part de toute suite y relative.

Le Ministère des Affaires étrangères de la République… remercie l'Ambassade de la République de … à Dakar de Son aimable coopération et saisit cette occasion pour Lui renouveler les assurances de sa haute considération.

AMBASSADE DE LA REPUBLIQUE DE …

Dakar

Annexe 4

Modèle pleins pouvoirs

REPUBLIQUE DU...

NOUS, Ministre DES AFFAIRES ETRANGERES DE LA REPUBLIAUE DU...

Donnons, par les présentes, a **Monsieur X**, Ministre des Forces armées de la République du... , **les pleins pouvoirs**, à l'effet de signer, au nom de la République du... , l'Accord entre le Gouvernement de la République du ... et le Gouvernement de la République ... relatif à la coopération dans le domaine militaire.

Fait à Dakar,

Nom du signataire

Annexe 5

Modèle de lettre de transmission demande accord de siège formulée par une ONG

REPUBLIQUE DU...

N° _______ **Timbre**

MINISTERE DES AFFAIRES ETRANGERES

Dakar, le

LE MINISTRE

Monsieur le Ministre,

Je voudrais vous faire parvenir, ci-joint, à l'attention de la Commission interministérielle consultative sur les ONG, le dossier de demande de conclusion d'Accord de siège de l'Organisation Non Gouvernementale (ONG) dénommée « Helen Keller International ».

Je vous prie d'agréer, **Monsieur le Ministre**, l'expression de ma haute considération.

Signataire

Monsieur X

Ministre de ....

DAKAR

Annexe 6

Modele de dossier de ratification

REPUBLIQUE DU ……..

MINISTERE DES AFFAIRES ETRANGERES

Projet de loi autorisant le Président de la République à ratifier l'Accord sur les subventions à la pêche, adopté à Genève, le 17 juin 2022.

EXPOSE DES MOTIFS

À la Conférence ministérielle de Doha, en 2001, les membres de l'Organisation mondiale du Commerce (OMC) avaient décidé de mettre en place des règles concernant les subventions aux pêcheries. Après plus d'une vingtaine d'années d'intenses négociations, ils ont finalement adopté un nouvel Accord sur les subventions à la pêche, lors de la douzième Conférence ministérielle (CM 12), qui s'est déroulée du 12 au 17 juin 2022, à Genève (Suisse).

Il s'agit d'un résultat historique qui a permis, à la fois, d'atteindre la cible 14.6 des Objectifs de Développement durable (ODD) de l'Organisation des Nations Unies (ONU) et d'obtenir le premier Accord multilatéral de l'OMC qui vise à contribuer à la protection des ressources naturelles à l'échelle mondiale. En effet, cet instrument juridique promeut la durabilité de l'environnement, en protégeant l'écosystème marin contre toute surexploitation, afin de garantir aux générations futures le non-épuisement des stocks mondiaux de poissons.

Selon la Banque mondiale (BM), le coût des incitations ayant des effets pervers combiné aux autres mauvaises mesures de gestion de la pêche représente environ 83 milliards de dollars américains (USD) de pertes économiques par an, sans compter les 22 milliards d'USD de subventions préjudiciables.

et Accord a pour objectifs, notamment, d'interdire certaines formes de subventions à la pêche qui encouragent la surcapacité et la surpêche ; d'éliminer les subventions contribuant à la pêche illicite, non déclarée et non réglementée (INN) ; et d'édicter un traitement spécial et différencié, approprié et effectif en faveur des pays en développement et des pays les moins avancés (PMA).

Cet instrument juridique entrera en vigueur dès sa ratification par les deux tiers (2/3) des États membres, conformément au paragraphe 3 de l'article X de l'Accord instituant l'OMC. Sa particularité est que sa mise en œuvre est conditionnée à la poursuite des négociations pour adopter des règles complètes dans un délai de quatre (4) ans à compter de son entrée en vigueur. À défaut, il sera abrogé, à moins que le Conseil général de l'OMC n'en décide autrement.

La ratification de cet Accord sera bénéfique pour le …, notamment avec l'assistance technique et le renforcement de capacités prévus pour les pays en développement, y compris les pays les moins avancés (PMA). Un mécanisme de financement volontaire de l'Organisation mondiale du

Commerce (OMC) sera établi, en coopération avec les organisations internationales pertinentes, telles que l'Organisation des Nations Unies pour l'Alimentation et l'Agriculture (FAO) et le Fonds international de Développement agricole (FIDA).

Telle est l'économie du présent projet de loi.

REPUBLIQUE DU ……

Un Peuple -Un but-Une Foi ….

Projet de loi Autorisant le Président de la République à ratifier l'Accord sur les subventions à la pêche, adopté à Genève, le 17 juin 2022.

L'Assemblée nationale a délibéré et adopté, en sa séance du …...

Le Président de la République promulgue la loi dont la teneur suit :

Article unique. -

Le Président de la République est autorisé à ratifier l'Accord sur les subventions à la pêche, adopté à Genève, le 17 juin 2022.

REPUBLIQUE DU .....

Un Peuple – Un But – Une Foi

MINISTERE DES AFFAIRES ETRANGERES

Projet de décret

LE PRESIDENT DE LA REPUBLIQUE,

VU la Constitution ;

VU la Loi N°.... du .... autorisant le Président de la République à ratifier l'Accord sur les subventions à la pêche, adopté à Genève, le 17 juin 2022.

DECRETE :

Article premier. -

Sera publié au *Journal officiel*, l'Accord sur les subventions à la pêche, adopté à Genève, le 17 juin 2022.

Article 2.-

Le Ministre des Affaires étrangères, le Ministre de l'Environnement, du Développement durable et de la Transition écologique, le Ministre des Pêches et de l'Economie maritime et le Ministre du Commerce, de la Consommation et des Petites et Moyennes entreprises sont chargés, chacun en ce qui le concerne, de l'exécution du présent décret qui sera publié au *Journal officiel.*

Fait à Dakar, le....

Par le Président de la République

Nom

Le Premier Ministre

Nom

REPUBLIQUE DU ....
Un Peuple – Un But – Une Foi

N° _____/MAESE/SG/DAJC/CAI

MINISTERE DES AFFAIRES ETRANGERES ET DES SENEGALAIS DE L'EXTERIEUR

Dakar, le

Monsieur le Ministre,

Je voudrais vous faire parvenir, ci-joint, en deux cent soixante (260) exemplaires, pour soumission au Conseil des Ministres, le projet de loi autorisant le Président de la République à ratifier l'Accord sur les subventions à la pêche, adopté à Genève, le 17 juin 2022.

Je vous prie d'agréer, **Monsieur le Ministre**, l'expression de ma haute considération.

Signature du Ministre ou de son délégataire

Monsieur le Ministre,
Secrétaire général du Gouvernement

D A K A R

PJ:

- le projet de loi ;
- l'Accord susmentionné ;
- l'exposé des motifs y afférent ;
- le projet de décret de publication

Annexe 7

Modele de lettre de ratification

REPUBLIQUE DU

Un Peuple – Un But – Une Foi

De la convention portant création de l'agence des ouvrages de Samba Ngalou et du réseau de transport de l'énergie électrique de l'organisation pour la mise en valeur du fleuve Gambie (OMVG), signée à Addis-Abeba, le 29 janvier 2016

Nous, Président de la République du ……

À tous ceux qui ces présentes verront,

Salut :

Ayant lu et examiné ladite convention,

L'avons approuvée et l'approuvons

En toutes et chacune de ses parties,

Conformément aux articles 95 et 96 de la constitution

Et à la loi n° 2018-27 du 6 décembre 2018,

Déclarons qu'elle est acceptée, ratifiée et confirmée

Et promettons qu'elle sera inviolablement observée.

En foi de quoi, nous avons donné les présentes revêtues

Du sceau de la République du ….

Fait à…………, le…

Signataire du President de la Republique

Annexe 8

Modèle de lettre d'adhésion

REPUBLIQUE DU

Un Peuple – Un But – Une Foi

Adhésion/Déclaration

Nous, Ministre des Affaires étrangères de la République du.... agissant au nom de la République du....

Ayant vu et examiné la Convention supprimant l'exigence de la légalisation des actes publics étrangers entre les Parties contractantes, conclue à La HAYE, le 05 octobre 1967 et ouverte à l'adhésion de tous les États Membres

Déclarons solennellement que la République du .... l'accepte intégralement et promettons qu'elle sera inviolablement respectée.

En foi de quoi, nous avons signé les présentes et y avons apposé le sceau officiel de la République du......

Fait à......, le...

Le Ministre des Affaires étrangères de la République du.....

Annexe 9

Modèle de lettre de déclaration

Nous, Ministre des Affaires étrangères de la République du….. agissant au nom de la République du….

Ayant vu et examiné la Convention supprimant l'exigence de la légalisation des actes publics étrangers entre les Parties contractantes, conclue à La HAYE, le 05 octobre 1967 et ouverte à l'adhésion de tous les États Membres

Déclarons solennellement que la République …. l'accepte intégralement et promettons qu'elle sera inviolablement respectée.

En foi de quoi, nous avons signé les présentes et y avons apposé le sceau officiel de la République du……

Fait à ……, le...

Le Ministre des Affaires étrangères de la République du…..

Annexe 10

Modèle de pleins pouvoirs délégation

REPUBLIQUE DU

(Pleins Pouvoirs)

Nous, Ministre des Affaires Étrangères de la République du ...

Avons décidé de constituer comme suit la Délégation sénégalaise devant prendre part à la Vingtième session de l'Assemblée des États Parties (AEP), prévue à La Haye, du 10 au 12 décembre 2022.

Monsieur, Ministre de la Justice du.... ;

Monsieur, Ambassadeur de la République du Sénégal à La HAYE ;

Monsieur l'Ambassadeur, Directeur des Affaires juridiques et consulaires au MAESE ;

Monsieur, Directeur des Affaires Criminelles et des Grâces du Ministère de la Justice ;

- Monsieur, Premier Conseiller à l'Ambassade du Sénégal à l'Ambassade du Sénégal à La HAYE ;

Conférons aux représentants ci-dessus, les pleins pouvoirs, à l'effet de prendre part aux travaux de ladite session, d'exercer leur droit de vote et de signer, sous réserve de ratification, tout acte final résultant des délibérations.

Fait à ... , le ... 2022.

Nom du Ministre des Affaires étrangères du pays.

Annexe 11

Note d'entrée en vigueur d'un Accord par échange de notes

1-Le Ministère des Affaires étrangères de la République du .... présente ses compliments à l'Ambassade de la République du …. Et se référant à l'Accord d'exemption de visa pour les titulaires de passeports officiels et de service entre le Gouvernement de la République du …. et le Gouvernement de la République du…., a l'honneur de L'informer/ou de porter à Sa connaissance que les formalités internes requises à son entrée en vigueur ont été accomplies.

Par conséquent, conformément à l'article …., ledit Accord entrera en vigueur à l'expiration d'un délai de soixante (60) jours suivant la date de réception de la notification écrite de la Partie …. informant de l'accomplissement des procédures prévues à cette fin.

Le Ministre des Affaires étrangères de la République saisit cette occasion pour renouveler à l'Ambassade de la République du …... les assurances de sa haute considération.-

Ambassade de la République du…….

Dakar

2-Le Ministère des Affaires étrangères de la République du …. présente ses compliments à l'Ambassade de la République du…. (et a l'honneur d'accuser réception de Sa note verbale) par laquelle Elle informe de l'accomplissement des procédures internes nécessaires à l'entrée en vigueur de l'Accord sur les services aériens entre le Gouvernement de la République du…. et le Gouvernement du…..

À ce propos, le Ministère voudrait porter à la connaissance de l'Ambassade de la République du…….que les procédures internes requises ont été accomplies par la Partie……….

Par conséquent, l'Accord entrera en vigueur un mois après la réception de cette notification, soit le XXXXX.

Le Ministère des Affaires étrangères de la République du …. remercie l'Ambassade de la République de …. de Son aimable coopération et saisit cette occasion pour Lui renouveler les assurances de sa haute considération.

Ambassade de la République du ….

Dakar

Annexe 12

Instrument de réserve/déclaration

Nous, Nom du Ministre des Affaires étrangères de la République du…..

Déclarons par la présente que le Gouvernement de la République du…….. formule la réserve/déclaration suivante en rapport à l'article ou aux articles du ou de [titre de la Convention], adoptée à … le….

« Substance de la réserve ou de la déclaration »

En foi de quoi, nous y avons apposé le sceau officiel de la République du…

Fait à [lieu], le [date]

Signature et titre de l'Autorité

Annexe 13

Instrument de retrait d'une ou de plusieurs réserves

Considérant que le Gouvernement a ratifié, accepte ou adhère à la [titre de l'Accord]

Considérant que le Gouvernement du ...a ratifié, approuve, accepte ou adhère à [titre dédié de la Convention], le Gouvernement avait formulé une réserve à l'article ou aux articles du Traite sur ...

Nous, Ministre des Affaires étrangères, déclarons par la présente que le Gouvernement retire lesdites réserves, après les avoir examinées.

En foi de quoi, nous y avons apposé le sceau.

Fait à [lieu], le [date]

Signature et titre de l'Autorité

Annexe 14

Modèle de décret conjoint

REPUBLIQUE DU

Un Peuple – Un But – Une Foi

N° ______/MAESE/SG/DAJC/CAI

MINISTERE DES AFFAIRES ETRANGERES

DE LA REPUBLIQUE DU….

RAPPORT DE PRÉSENTATION

-Le présent décret a pour objet

Telle est l'économie du présent projet de décret.

REPUBLIQUE DU SENEGAL

Un Peuple- Un But-Une Foi

Décret N°

VU la Constitution ;

VU la Convention de la Haye du 05 octobre 1961 supprimant l'exigence de la légalisation des actes publics étrangers, entrée en vigueur le 23 mars à l'égard du Sénégal ;

VU la loi organique no 2022-07 du 26 février 2020 relative aux lois des finances ;

VU la loi n° 2022-22 du 19 décembre 2022 portant loi de finances pour l'année 2023 ;

VU la loi n° 2012-31 du 31 décembre 2012 portant Code général des impôts, modifiée ;

VU le décret n° 2020-978 du 23 avril 2020 portant Règlement général sur la Comptabilité publique ;

VU le décret n° 2022-1775 du 17 septembre 2022 portant nomination du Premier Ministre ;

VU le décret n° 202-1775 du 17 septembre 2022 portant nomination des ministres et fixant la composition du Gouvernement ;

VU le décret n° 2022-1777 du 17 septembre 2022 portant répartition des services de l'État et du contrôle des établissements publics, des sociétés nationales et des sociétés à participation publique entre la Présidence de la République, la Primature et les ministères ;

VU le décret n° 2022-1786 du 26 septembre 2022 relatif aux attributions du Ministre des Affaires étrangères et des Sénégalais de l'Extérieur ;

VU le décret n° 2022-1788 du 26 septembre 2022 relatif aux attributions de Ministre des Finances et du Budget ;

Sur le rapport conjoint du Ministre des Affaires étrangères et des Sénégalais de l'Extérieur et du Ministre des Finances et du Budget,

DECRETE :

Article premier. - La délivrance du certificat apostille est subordonnée au paiement d'un droit fixe a deux mille (2000) francs CFA.

Article 2.- Le droit est acquitté auprès du bureau de recouvrement du Centre des services de Dakar Plateau, sur une liquidation effectuée par le chef du Bureau de l'état civil du Ministère des Affaires étrangères et des Sénégalais de l'Extérieur.

Article 3.-Les sommes perçues au titre de ce droit sont versées dans un compte ouvert dans les écritures du Recevoir général du Trésor.

Article 4.- Conformément à l'article 6 de la Convention Apostille, les personnes désignées pour délivrer l'Apostille sont le Directeur des Affaires juridiques et consulaires, le Chef de la Division Chancellerie et le Chef du Bureau de l'état civil du Ministère des Affaires Etrangères et des Sénégalais de l'Extérieur.

Article 5.- La liste des actes publics pouvant faire l'objet d'un certificat apostille est annexée au présent décret.

Article 6.- La délivrance de l'apostille donne lieu à l'apposition d'un certificat dont les caractéristiques sont prévues à l'article 4 de la Convention de La Haye du 05 octobre 1961 susvisée.

Les apostilles sont délivrées de façon physique mais elles sont, aussi, fournies par voie électronique lorsque les conditions techniques le permettent.

Un registre dans lequel sont assignées les apostilles délivrées indique le numéro d'ordre et la date de l'apostille, le nom du signataire de l'acte public et la qualité en laquelle il a agi, ou, pour les actes non signés, l'indication de l'Autorité qui a apposé le sceau ou timbre.

Article 7.- Le Ministre des Affaires Etrangères et des Sénégalais de l'Extérieur et le Ministre des Finances et du Budget sont chargés, chacun en ce qui le concerne, de l'Exécution du présent décret, qui sera publié au Journal officiel.

Fait à Dakar, le………..

Annexe 15

Modèle de décret d'approbation d'un Accord international [formule utilisée généralement en cas de nécessité et si le domaine de l'Accord n'entre pas dans le champ d'application de l'article 96 de la Constitution]

REPUBLIQUE DU

Un Peuple – Un But – Une Foi

N° _____

MINISTERE DES AFFAIRES ETRANGERES
DE LA REPUBLIQUE DU….

RAPPORT DE PRÉSENTATION

Le présent projet a pour objet l'approbation et la publication, par le Sénégal, de l'Accord de coopération en matière sécuritaire entre la République du… et le Royaume de …, signé le….

Par décret …., les Autorités x …ont exprimé leur consentement à être liées audit Accord….

- L'objectif de cet Accord…
- L'approbation décret Accord par …[intérêt à approuver dit texte].

Telle est l'économie du présent projet de décret.

Signature du Ministre

REPUBLIQUE DU ……..

Un Peuple – Un But – Une Foi

MINISTERE DES AFFAIRES ETRANGERES

DECRET 2022- 327 Portant approbation de l'Accord sécuritaire entre le Gouvernement de la République du … et le Gouvernement du ……. Royaume de….. , signé à……. le …. .

LE PRESIDENT DE LA REPUBLIQUE

VU la Constitution ;

VU le décret n° 2022-1775 du 17 septembre 2022 portant nomination du Premier Ministre ;

VU le décret n° 202-1775 du 17 septembre 2022 portant nomination des ministres et fixant la composition du Gouvernement ;

VU le décret n° 2022-1777 du 17 septembre 2022 portant répartition des services de l'État et du contrôle des établissements publics, des sociétés nationales et des sociétés à participation publique entre la Présidence de la République, la Primature et les ministères ;

VU le décret n° 2022-1786 du 26 septembre 2022 relatif aux attributions du Ministre des Affaires Etrangères et des Sénégalais de l'Extérieur ;

Sur le rapport du Ministre des Affaires Etrangères et des Sénégalais de l'Extérieur,

DECRETE :

Article premier. – Est approuvé l'Accord de coopération en matière sécuritaire entre le Gouvernement de la République ... et le Gouvernement du Royaume d'..., signe à .... le... 2009.

Article 7.- Le Ministre des Affaires étrangères, le Ministre de l'Intérieur et le Ministre des Forces armées sont chargés, chacun en ce qui le concerne, de l'exécution du présent décret, qui sera publié au Journal officiel de la République du....

Fait à Dakar, le....

M. Nom du Président de la République en majuscule

Table des matières

Structures éditoriales du groupe L'Harmattan

L'Harmattan Italie
Via degli Artisti, 15
10124 Torino
harmattan.italia@gmail.com

L'Harmattan Hongrie
Kossuth l. u. 14-16.
1053 Budapest
harmattan@harmattan.hu

L'Harmattan Sénégal
10 VDN en face Mermoz
BP 45034 Dakar-Fann
senharmattan@gmail.com

L'Harmattan Cameroun
TSINGA/FECAFOOT
BP 11486 Yaoundé
inkoukam@gmail.com

L'Harmattan Burkina Faso
Achille Somé – tengnule@hotmail.fr

L'Harmattan Guinée
Almamya, rue KA 028 OKB Agency
BP 3470 Conakry
harmattanguinee@yahoo.fr

L'Harmattan RDC
185, avenue Nyangwe
Commune de Lingwala – Kinshasa
matangilamusadila@yahoo.fr

L'Harmattan Congo
67, boulevard Denis-Sassou-N'Guesso
BP 2874 Brazzaville
harmattan.congo@yahoo.fr

L'Harmattan Mali
ACI 2000 - Immeuble Mgr Jean Marie Cisse
Bureau 10
BP 145 Bamako-Mali
mali@harmattan.fr

L'Harmattan Togo
Djidjole – Lomé
Maison Amela
face EPP BATOME
ddamela@aol.com

L'Harmattan Côte d'Ivoire
Résidence Karl – Cité des Arts
Abidjan-Cocody
03 BP 1588 Abidjan
espace_harmattan.ci@hotmail.fr

Nos librairies en France

Librairie internationale
16, rue des Écoles
75005 Paris
librairie.internationale@harmattan.fr
01 40 46 79 11
www.librairieharmattan.com

Librairie des savoirs
21, rue des Écoles
75005 Paris
librairie.sh@harmattan.fr
01 46 34 13 71
www.librairieharmattansh.com

Librairie Le Lucernaire
53, rue Notre-Dame-des-Champs
75006 Paris
librairie@lucernaire.fr
01 42 22 67 13